Supplément Bhajans 2020 Volume 1

Mata Amritanandamayi Center
San Ramon, Californie, États Unis

Supplément Bhajans 2020 – Volume 1

Publié par:
Mata Amritanandamayi Center
P.O. Box 613
San Ramon, CA 94583-0613, États Unis

En Inde :
www.amritapuri.org
inform@amritapuri.org

En France :
Ferme du Plessis
28190 Pontgouin
www.etw-france.org

Au Canada :
http://ammacanada.ca/?lang=fr

Guide pour la prononciation

Voyelles :

a	comme	**a**	dans **a**rmoire
ā	comme	**a**	plus long
i	comme	**i**	dans **I**talie
ī	comme	**i**	plus long
u	comme	**ou**	dans ch**ou**x
ū	comme	**ouu**	plus long
e	comme	**er**	dans lev**er**
ai	comme	**ai**	dans p**ai**lle
o	comme	**eau**	dans **beau**
	(**o** et **e** sont toujours longs en Sanskrit)		
au	comme	**ao**	dans cac**ao**
ṛ	comme	**r'**	dans **r'b**outeux

Consonnes :

k	comme	**k**	dans **k**ilogramme
kh	comme	**kh**	dans Ec**kh**art
g	comme	**g**	dans **g**arage
gh	comme	**gh**	dans di**g-h**ard
ṅ	comme	**n**	dans si**ng**
c	comme	**ch**	dans **ch**air
ch	comme	**chh**	dans staun**ch-h**eart
j	comme	**j**	dans **j**oy
jh	comme	**dge**	dans he**dge**hog
ñ	comme	**ny**	dans ca**ny**on
ṭ	comme	**t**	dans **t**ube
ṭh	comme	**th**	dans ligh**th**ouse
ḍ	comme	**d**	dans **d**ouleur
ḍh	comme	**dh**	dans re**d-h**ot
ṇ	comme	**n**	dans **n**avire

Le groupe de lettres avec des points en-dessous se prononce avec la pointe de la langue contre le palais.

t	comme	**t**	dans **t**ube
th	comme	**th**	dans ligh**th**ouse
d	comme	**d**	dans **d**ouleur
dh	comme	**dh**	dans re**d-h**ot
n	comme	**n**	dans **n**avire

Ce groupe de lettres se prononce avec la pointe de la langue contre les dents.

p	comme	**p**	dans **p**ain
ph	comme	**ph**	dans u**p-h**ill
b	comme	**b**	dans **b**ateau
bh	comme	**bh**	dans ru**b-h**ard
m	comme	**m**	dans **m**ère

ṁ un son nasal comme dans bo**n**

ḥ prononcer **aḥ** comme **aha**, **iḥ** comme **ihi,** **uḥ** comme **uhu**

ṣ	comme	**ch**	dans **ch**ose
ś	comme	**s**	dans **s**prechen
s	comme	**s**	dans **s**i
h	comme	**h**	dans **h**ot
y	comme	**y**	dans **y**oga
r	un **r** roulé dans **R**oma, Mad**r**id		
l	comme	**l**	dans **l**ibre
v	comme	**w**	dans **w**agon

Table des matières

abhinnatva torisi (Kannada)

abhinnatva tōrisi abhimānava tyajisi
adharma toḷagisi kalmaṣa nīguva
jaya jaya sanātani, jaya sanātani ṛṣiyē

Pratique la non-dualité. Abandonne ton orgueil illusoire. Respecte le dharma et libère-toi de toute impureté. Victoire à la Déesse ! Salutations à la lignée éternelle des sages !

bhaktiya pasarisi lōka sangrahava beḷasi
jñāna beḷagisi ānanda-svādisuva
jaya jaya sanātani, jaya sanātani ṛṣiyē

Répands le parfum de la dévotion et œuvre au bien du monde. Illumine ton esprit de sagesse et savoure la béatitude divine. Victoire à la Déesse ! Salutations à la lignée éternelle des sages !

bhayava dūragoḷisi sāntvanava upadēśisi
samsāra bhēdisi paramārtha bōdhisu
jaya jaya sanātani, jaya sanātani ṛṣiyē

Chasse la peur et réconforte les autres par des paroles de sagesse. Transcende le cycle de la vie et de la mort, et transmets aux autres la sagesse suprême. Victoire à la Déesse ! Salutations à la lignée éternelle des sages !

aindezhuttu mandirattin (Tamoul)

namperumānē pōttri
mativaṇṇanē pōttri
siddhanāthanē pōttri
vāmadēvanē pōttri

yajñarūpanē pōttri
namaḥ śivāya pōttri pōttri

Salutations au Seigneur, au teint couleur de Lune. Salutations au Seigneur de l'esprit et à l'aspect préservateur du Seigneur Shiva. Salutations à Toi, dont la forme est le sacrifice. Salutations au Seigneur Shiva !

aindezhuttu mandirattin ezhuttellām śivamē
aiyamindri solpavarkku anaittumingu śivamē

Chacune des cinq syllabes du mantra Na-Ma-Shi-Va-Ya est Shiva. Pour ceux qui le chantent avec confiance, tout ici-bas est Shiva.

edarkku inda pirappu? endru ariya nīyum virumbu
eppōdu irappu? enbad-iraivan avan poruppu
pirappu irappu aruttiḍum pirai sūḍan avan padangaḷ
pirazhāmal ninaikka ninaikka muḍindiṭum munvinaigaḷ

Tu veux savoir pourquoi cette naissance humaine t'a été donnée ? Il appartient à Dieu de déterminer le moment de ta mort. Le Seigneur Shiva, qui porte le croissant de la lune sur la tête, peut rompre le cycle des naissances et des morts. La constante contemplation de Ses pieds sacrés mettra fin à tout ton karma.

ōm namaḥ śivāya ōm namaḥ śivāya
ōm namaḥ śivāya ōm namaḥ śivāya

Salutations à Shiva, Celui qui est propice !

kattradu kaḍukaḷavu eninum garvam kaḍal aḷavu
pettradu ūraḷavu eninum āsai ulagam aḷavu
kattraduvum pettraduvum kaḍaisi varai varumō?
kalangāmal manamē dinam uraittiḍu śivanāmam

Ton savoir est aussi minuscule qu'une graine de moutarde, mais ton ego est vaste comme l'océan. Ta fortune a la taille d'une ville, mais ton désir est grand comme le monde. Ce que tu as appris et acquis t'accompagnera-t-il jusqu'à la fin ultime ? Ô mental ! Sois sans inquiétude. Chante chaque jour le nom du Seigneur Shiva.

vāzhum manidar ninaippaduṇḍu maraṇam
tanakku illai
māṇḍavarai kaṇḍum kūḍa mayakkam teḷivadillai
tillaiyil nindrāḍiḍum naṭarājan avan pugazhai
dinamum kēṭka ninaivil nilaikka aganḍriḍum
ariyāmai

Les vivants pensent que la mort ne les touchera pas. Ils ont beau voir les corps des défunts, ils gardent cette illusion. Le Seigneur Nataraja danse la danse cosmique dans le temple Thillai (un temple dans le Tamil Nadu, au sud de l'Inde.) Ecoute, réfléchis, contemple continuellement sa gloire divine, et ton ignorance disparaîtra.

ājīvanāntam (version tamoule)

āyuḷvarai nān vaṇankiḍuvēn
ātankam inḍru nī tīrttiḍuvāy
ādiparāśakti āna dēvi
ākulam nīkki aruḷ purivāy

vēṇḍuvadellām nalkum ammā

pērūkaḷ aḷikkum annaiyum nī
ellōrai tānkiḍum śaktiyum nī
śankari nityamē sattiyamē

tyāgankaḷ ettanai seygirēn nān
tāmadam ēnō kaṇ malara
tāyē nin māyaiyil āzhttiḍādē
tāmarai pādam paṇivēn enḍrum

akaleyāṇenkilum (Malayāḷam)

akaleyāṇenkilum ariyunnu ammē nin
avirāma snēha pravāham
arikiluṇden manam ariyunnuvō ninde
maḍiyil ñān talacāycc-iruppū

Même si Tu es loin de moi, je sens le flot incessant de Ton amour. Sais-Tu que mon cœur est auprès de Toi, que j'ai posé mon visage sur Tes genoux ?

kanivinde pālāzhi alatallum mizhikaḷāl
enne talōḍunna nēram
karayukayalla ñān ennālum-en kaṇkaḷ
tōrāte peytēy-irippū

Les ondes de compassion, dans Ton regard, me caressent. Je ne pleure pas, même si mes yeux débordent de larmes.

amma-tan prēmam-en ālambanam
ammayen jīvita rāgāmṛtam

L'amour pur d'Amma est mon soutien. Elle est la douceur dans la mélodie de ma vie.

sukha-duḥkha-tirakaḷil alayaḍicc-en janmam
oḍuvil-aṇayunna tīram
akaleyallennu ñān ariyunnu amma-tan
nalamezhum puñciri kāṇkē

Tu es le rivage que ma vie, agitée par les vagues de la souffrance et du plaisir, a finalement atteint. Ô Amma, lorsque je contemple Ton sourire plein de compassion, je sais que Tu es toute proche.

vāriy-eḍuttenne mārōḍ-aṇacc-amma
kātil mozhiyunnat-entum
vākkukaḷ-illātta bhāṣayum-illātta
nirmala prēma sangītam!

Ô Amma, Tu me serres dans Tes bras et ce que Tu murmures à mon oreille est la pure musique de l'amour, au-delà des mots et du langage.

akatāril azhalinde nizhal (Malayalam)

akatāril azhalinde nizhal paratti-kaṇṇan
akalattil eṅgō maraññu-ninnu
nirupama-prēmattāl rādha-tan mānasam
alakaṭal pōlārttu-kēṇu dinam
alakaṭal pōlārttu-kēṇu dinam
kaṇṇā... kaṇṇā... kaṇṇā... kaṇṇā...

Les nuages de tristesse assombrissaient le cœur de Radha, tandis que le Seigneur Krishna demeurait caché, loin d'elle. Son cœur criait de douleur, la douleur d'un amour sans pareil, comme les vagues incessantes de l'océan rugissant. Ô Krishna.

virahattin rōdanam kēṭṭatilla nāthan
kanivinde kuḷir-māri tūkiyilla
kamanīya-rūpane kaṇikāṇān vembumī-
hṛdaya-nikuñje aṇaññatilla
hṛdaya-nikuñje aṇaññatilla
kaṇṇā... kaṇṇā... kaṇṇā... kaṇṇā...

Le Seigneur n'entendit pas le cri languissant de Radha. Il ne répandit pas sur elle la pluie apaisante de Sa compassion. Il n'entra pas dans le jardin assoiffé de son cœur. Ô Krishna.

priya-rāgam pāḍi uṇarttiṭāte
oru puñciri-pūpōlum viṭarttiṭāte
onnum-ariyātta bhāvattil akannu-nilppū
ī paribhavam-ennōḍ-entināṇō?
ī paribhavam-ennōḍ-entināṇō?
kaṇṇā... kaṇṇā... kaṇṇā... kaṇṇā...

Tu ne viens pas éveiller mon cœur par Ton chant, ni même y faire éclore un sourire. Tu restes loin de moi, comme inconscient de ma douleur. Pourquoi es-Tu à ce point fâché contre moi ? Ô Krishna

akhila brahmāṇḍaṅgaḷ (Malayalam)

akhila brahmāṇḍaṅgaḷ ñoṭiyil
raciccitum amṛtasvarūpiṇī dēvī
vinatayām sutayende bhavabhayam nīkkuvān
tuṇakkyāttat-entē sarvēśī – ammē
tuṇakkyāttat-entē sarvēśī

Ô Dévi, Ta nature est béatitude éternelle. Tu as créé l'univers en un instant. Ce monde et ses dangers effraient Ton enfant. Pourquoi ne viens-Tu pas m'aider, me libérer de la peur ? Ô Mère, Ô Impératrice de cet univers, pourquoi ne viens-Tu pas à mon secours ?

karuṇāmbudhē ninkal aṇayān kotikkunna
taraḷāmbu-bindu ñān-ammē
akhilātma-nāyakī sakalārtti-hāriṇī
agatikkor-avalambam-aruḷū – ammē
agatikkor-avalambam-aruḷū

Tu es un océan de compassion, Ô Mère. Je suis une goutte d'eau minuscule qui meurt d'envie de T'atteindre pour se fondre en Toi. Reine de toutes les âmes, destructrice de tous les désirs, Ô Mère, je T'en prie, accorde refuge à cet enfant démuni !

mizhinīr kaṭal-tannil uyarum tirakaḷil
citari terikkum-en cittam
ninavinde taṇalil nī maravi-tan nizhalattu
verute raciccoru citram – ammē
verute raciccoru citram

Mon cœur se brise contre les vagues surgies de l'océan de mes larmes. A l'ombre rafraîchissante du souvenir, dans les ombres ténébreuses de l'oubli, Tu as dessiné par jeu une image, Ô Mère !

kadanattil-urukumī hṛdayattil-uraviṭum
virahārtta mōhaṅgal mātram
karutunnivaḷ nin caraṇāmbujē cērnnu
caritārtthayākuvān nityam – ammē
caritārtthayākuvān nityam

Mon cœur se consume dans le feu de la séparation et brûle de s'unir à Toi ! Je languis de me fondre en Tes pieds de lotus et d'atteindre la réalisation éternelle, Ô Mère !

alalē lēnidē (Telugu)

alalē lēnidē kaḍalē lēdu
ceṭlu lēnidē aḍavē lēdu
cintalu lēnidē manasē lēdu
manasu lēnidē jagamē lēdu

Sans les vagues, il n'y a pas d'océan. Sans arbres, pas de forêt. Sans pensées, pas de mental. Et sans le mental, il ne peut pas y avoir de monde.

dṛṣṭi mārcukō dhīrā
sṛṣṭi nī dṛṣṭi sṛṣṭirā

Transforme ta vision, Ô Homme au fort intellect. Cette création n'est que la projection de ton mental.

jagamē cintalu terapai bommalu
ūhala alalu vacci pōvunu
cintalu rāni anṭaka cūḍu
gatamu tavvaku bhavita allaku

Le monde n'est rien d'autre que des pensées qui apparaissent comme des images sur l'écran (de la conscience.) Les vagues des pensées vont et viennent. Observe-les sans attachement. Oublie le passé. Ne tisse pas le futur.

ī kṣaṇamē unnadi sākṣigā cūḍu
cintala naḍuma sandu unnadi
ā sandu niṇḍā maunam unnadi
maunamu lōnē amma unnadi

Le moment présent est tout ce que tu possèdes. Reste un témoin. Un silence total emplit l'espace entre les pensées. Dans ce silence et dans ce calme réside la Mère divine ; là règne la paix.

ammani cēru śāntini pondu
śānti... śānti... śānti... śānti...
śānti... śānti... śānti...

Atteins la Mère divine, obtiens la paix ! Paix, paix, paix, paix.

ālō kuṭhūna mī (Marathi)

ālō kuṭhūna mī jātō kōṭhē
dēha manāśī kāy mājhē nātē
umajalē nā kāhī malā
gurucaraṇī māthā mī ṭhēvilā

D'où suis-je venu ? Où vais-je ? Quelle est ma relation à ce corps et à cet esprit ? Je n'ai rien compris de tout cela. Je repose ma tête aux pieds du guru. Je m'abandonne au guru.

mī paṇācē manā kautuka mōṭhē
kṣaṇa puḍhilā āhē hātī kōṭhē
khēḷa manācē hē nakō malā
gurucaraṇī māthā mī ṭhēvilā

Le mental est trop attaché à l'ego. Même l'instant qui vient n'est pas entre nos mains. J'en ai fini avec les jeux du mental. Je repose ma tête aux pieds du guru.

śabda sparśādī mṛgajaḷē
duḥkhaca sadā yātūna miḷē
bhulūna yannā jīva thaklā
gurucaraṇī māthā mī ṭhēvilā

Le son, le toucher et tous les plaisirs sensoriels sont des mirages qui n'apportent que la souffrance. Je suis fatigué de ces illusions. Je repose ma tête aux pieds du guru.

ahankārācē ōjhē mōṭhē
gurucaraṇī karūnī rītē
gurupadī jīva hā vāhilā
gurucaraṇī māthā mī ṭhēvilā

Je dépose mon égoïsme aux pieds du guru et j'abandonne ma vie au guru. Je repose ma tête aux pieds du guru.

ālōlam-ālōlam (Malayalam)

ālōlam-ālōlam-āḍān
ammē ā tiru-maṭiyil-uraṅgān
ā mṛdu-cumbanam-ēlkkān
ammē ā tiru-mārilāy cāyān

Berce-moi dans Tes bras, Ô Mère. Laisse-moi dormir sur Tes genoux. Laisse-moi connaître la douceur de Ton baiser et me reposer sur Ton épaule.

kotiyōṭe kotiyōṭe nilppū ammē
ā prēma-sāyūjyam-ariyān
ā nitya-nirvṛti ariyān ammē
ā tiru-mozhikaḷ śravikkān
ā tiru-mozhikaḷ śravikkān

Je me languis du pouvoir libérateur de Ton amour. Je me languis de réaliser la béatitude éternelle qui est Ta nature et d'entendre la douce mélodie de Ta voix.

kātōrttu kātōrtt-irippū ammē
ā prēma-kathakaḷ ariyān
ā prēmapuñciri tennal
enne tazhuki talōṭi urakkān
enne tazhuki talōṭi urakkān

Ô Mère, j'écoute de tout mon être les récits qui parlent de Ton amour. Je désire intensément m'endormir sous la douce brise caressante de Ton sourire aimant.

ariyāte ariyāte ozhuki – nin prēma
kallōlini āyiṭuvān
ā prēma-sāgara-tīrē nityam
aṇayān koticc-ivaḷ nilppū
aṇayān koticc-ivaḷ nilppū

Je veux être un ruisseau d'amour, surgi pour se fondre dans l'océan de Ton amour. Comme je languis d'atteindre le rivage de l'océan de Ton amour !

anantānandam ēkīṭān ammē
kanivūrum nayanaṅgaḷ uḷḷil
uṇarēṇam-ennennum-uḷḷam
ātma-sūrya-praśōbha ēkīṭān
ātma-sūrya-praśōbha ēkīṭān

Ô Mère, je T'en prie, accorde-moi la béatitude infinie. Par Ton regard empli de compassion, éveille mon Soi intérieur. Puisse le Soi briller dans toute sa gloire, comme le soleil.

amma ninna prēma (Kannada)

amma ninna prēma gīte hēgē hāḍali
ninna pāra daivi guṇava hēgē varṇisali

Amma, comment puis-je Te chanter un hymne de dévotion ? Comment puis-je décrire Tes qualités divines infinies ?

hagalu iruḷu makkaḷa santaisu-ttiruvē
jātimata bhēda vennade samadṛṣṭi tōruvē
ninna prēma kāruṇyava hēgē hogaḷali
ninna sṛṣṭi kāraṇavu lōka saṅgrahavē

Jour et nuit, Tu prends soin de Tes enfants, manifestant à tous un amour égal, quelle que soit leur caste ou leur croyance. Comment puis-je louer Ton amour et Ta compassion ? Tu es venue sur terre pour protéger le monde.

namma kai biḍabēḍa anātharāgisa bēḍa
dura māḍalu bēḍa prēmakaruṇe tōramma
ninna maḍilē namage āśrayavamma

Mère, je T'en prie, ne m'abandonne pas. Ne fais pas de moi un orphelin. Reste à mes côtés. Répands sur moi Ton amour et Ta compassion. Tes bras sont mon unique refuge.

prēma karuṇe anukampa nammalli mūḍisi
jagad-upakārava gaiva samskāra tumbihē
ninna caraṇa kamalad-aḍige āśrayavanīḍi
nammannu ninnalle aikya goḷisu

Tu éveilles en nous l'amour et la compassion et ainsi, Tu nous rends aptes à servir le monde. Accorde-nous refuge à Tes pieds sacrés pour que finalement, nous nous fondions en Toi.

ānandam-uḷḷil (Malayalam)

ānandam-uḷḷil-āṇennu collumbōzhum-
ā-bōdham-uḷḷil-oṭṭilla tellum
vēdānta-śāstram manaḥ-pāṭham-āyiṭām
tattva-sākṣātkāra pāta dūram

Nous proclamons que le bonheur est en nous, mais nous n'avons pas encore trouvé la béatitude intérieure. Malgré notre connaissance approfondie des Ecritures védiques, nous sommes loin de connaître la Vérité énoncée dans les Védas.

satyam jñānam anantam brahma
satyam jñānam anantam brahma

Brahman est vérité, connaissance, infini.

māyatan māntrika-jālam mahāścaryam
ōrttiṭunn-illahō nitya-satyam
rāga-bhōgaṅgaḷām vahniyil hā kaṣṭam
hōmippū śrēṣṭham-ī-martya-janmam

Extraordinaire est la magie de l'illusion. Nous oublions la vérité éternelle. Le feu de désirs insatiables et des plaisirs sensoriels consume notre noble naissance humaine.

bhōgāśa nīṅgaṇam bhakti vaḷarēṇam
sadguru kāruṇyam nēṭīṭēṇam
nisvārtthar-ākēṇam nirmalar-ākēṇam
sarvadā nanmakaḷ kāṇākēṇam

Notre dévotion doit grandir et nos désirs, diminuer. Obtenons la grâce pleine de compassion du satguru. Devenons altruistes et purs, et nous percevrons le bien partout.

īśvara-prēma nilāvu teḷiyēṇam
hṛttaṭam nannāyi turanniṭēṇam
prēmam-ā jīva-bhāvatte haniccitum
ātma-svarūpattil-ārdram-ākkum

Que nos cœurs rayonnent dans le clair de Lune de l'amour de Dieu. Ouvrons grand les portes de notre cœur. L'amour pur de Dieu annihilera notre ego. Ainsi seulement serons-nous établis dans la nature du Soi.

anyarum tānum-illadvaita-bhāvam-ī-
ajñāna nāśattin hētuvākum
prārabdha-śēṣam-ā dēham kozhiññiṭum
jñānattil-āgāmi-sañcitam pōl

Notre ignorance sera balayée par la connaissance de la non-dualité, quand nous réaliserons que seul existe le Soi suprême. La connaissance du Soi nous libèrera de toute naissance future, nécessaire pour récolter les fruits de nos karmas accumulés.

aṅgaḷake hāribandu (Kannada)

aṅgaḷake hāri bandu kāḷanondu hekki hakki
purr entu hāri hōguvante
jīvanada śālegindu jīviyondu igo bande
bēga bēga pāṭha kaliyuve – nā
bēga bēga pāṭha kaliyuve

Comme le petit oiseau vient se poser dans le jardin, picore une graine puis s'envole dans un joyeux bruissement d'ailes, je suis venu dans l'école de la vie ; j'apprendrai vite mes leçons.

vēda mantra gaṇṭe ghōṣa hakki hāḍu idara
maddhyē
dhyāna japa sāṅgavāgali
puḷakagoṇḍu nasukinalle araḷi ninta kusumavāgi
pūjegendu mīsaliruve – nā
pūjegendu mīsaliruve – nā

Au milieu des chants Védiques, des cloches du temple et des chants d'oiseaux, puisse ma sadhana progresser sans heurt chaque jour. Que je sois la fleur qui s'ouvre à l'aurore, que je sois la fleur destinée à Ton adoration.

vītarāga dvēṣa klēśa aṇṭu naṇṭu gōjalilla
niṣkaḷaṅka manava paḍeyuve – nā
yāva kṣaṇa ṭappendu ī ṭoṅge muridarēnu
tatkṣaṇa hāri hōguve – nā
tatkṣaṇa hāri hōguve

Ni les attirances ni les répulsions, ni la haine ni les conflits, ne m'atteindront. Je cultiverai un cœur pur, et au moment-même où la branche sèche se cassera, je m'envolerai.

kempu sūrya sañjeyalli hakki gūḍu seruvante
ātmadalli ondāguve
bēga bēga pāṭha kaliyuve – nā
tappanella tiddi koḷḷuve

Tel un oiseau regagnant son nid lorsque le soleil pourpre se couche au crépuscule, je me fondrai dans le Soi. J'apprendrai mes leçons, afin de vite corriger mes erreurs.

ānondō ānondō (Bengali)

ānondō ānondō ānondō hai
ōnantō dhōrār mājhē ānondō hai
tumhi aklāntō abhisrāntō aśambhāvō hai
tumhi nīrantō aphūrantō porambrahmō hai

Ô béatitude, béatitude ! Béatitude, Tu imprègnes cet univers éternel ! Inlassable, inconcevable, ne prenant jamais de repos, Tu es le Brahman infini, incessant et suprême.

tumhi hai śāntō, tumhi aśāntō praḷayōmōyō hai
tumhi hai bhūtō tumhi adbhūtō bhabhiśatō hai
tumhi pracaṇḍō ōkhaṇḍō brahmāṇḍō hai
tumhi ākārō śākārō nirākārō hai

Tu es calme et agité, Tu as la forme de la dissolution. Tu es le merveilleux. Tu es le passé et le futur ! Tu es sauvage, Tu es indompté, intact, Tu es l'univers ! Tu es à la fois le Sans-forme et Celui qui a une forme.

tumhi prakāśō tumhi ākāśō jyōtirmōyō hai
tumhi praśārō tumhi ōśārō gōtimōyō hai
onantō brahmāṇḍō mājhē paramō śato hai
koruṇāmōyō dayāmōyō prēmōmōyō hai

Tu es la vastitude, Tu es l'espace, Tu es la lumière. Tu es la progression, Tu es l'immobilité, Tu es la force. Dans l'univers éternel, Tu es l'unique Vérité. Tu es miséricordieux et empli de bonté. Ta nature même est l'amour !

antarātmāvil (Malayalam)

antarātmāvil-ullasiccīṭum
santatānanda-rūpiṇi
hanta! nin-tiru-vaibhavaṅgaḷe
cinta ceyyān-eḷutalla

Ô Incarnation de la béatitude éternelle qui se délecte dans les profondeurs de mon cœur ! Il est impossible de sonder Ta grandeur, Ta splendeur sacrée.

ghōraghōram tapam ceyyunnōrkkum
kaivarunnilla sāyūjyam
'ammē nī mātram' enn-uraykkumbōḷ
vannīṭum janma-sāphalyam

Même ceux qui observent de dures pénitences n'atteignent pas la libération. Mais quand nous crions « Mère, je ne veux que Toi ,» notre vie est comblée.

kālakālanām kāmāri pōlum
kāliṇa tava kūppunnu!
kālattinde karaṅgaḷil-enne
kāḷikē koṭuttīṭolle

Le Seigneur Shiva, le Vainqueur de la mort, vénère Tes pieds. Ô Kali, je T'en prie, ne m'abandonne pas aux mains de la Mort !

vāṇi! en manō-vīṇā-tantri nin
gānam ceyyaṭṭe sāmōdam
veṇtinkaḷ-prabha vellum nin mukha-
kānti kaṇḍ-uṇaraṭṭe ñān!

Ô Déesse Saraswati, puisse mon esprit chanter joyeusement pour Toi, sur les cordes de sa vina. Puissé-je m'éveiller à la beauté sublime de Ton visage, plus radieux que la lumière fraîche et argentée de la lune.

arikil-uṇḍenn-amma (Malayalam)

arikil-uṇḍenn-amma eppōzhum amma tan
maṭiyil-āṇ ī makan ennum-ennum
amṛtattin narumuttam nalki-aṇaykkunna
narunilā-snēham-āṇende amma

Ma Mère est toujours près de moi. Pour toujours et à jamais, cet enfant est dans Ses bras. Répandant sur moi Ses baisers d'immortalité, Elle me tient dans Sa douce étreinte. Ma Mère est l'amour de la lune argentée.

niravin puñciri-ppūkaḷ pozhiykkum
nirupama-snēha-pravāham amma
karutalāy kanavilum kāttu-ninnīṭunna
karuṇārdra snēham-āṇende amma

Dans la plénitude de Son sourire adorable, Mère est l'incomparable flot d'amour. La compassion fait fondre son cœur ; Elle nous protège jusque dans nos rêves.

cumalile prārabdha-bhāram-ellām – oru
ciriyāl-akattunna puṇyam-amma
caritārtthanāyi ñān maruvunna-nēram-en
ciriyil nin puñcirippū viriññu

D'un seul sourire, Mère nous délivre du fardeau de notre karma. Quand je vis dans le contentement, c'est Ton sourire radieux qui s'épanouit en moi.

aham-innu pōy-maraññīṭaṭṭe amma nin
alivil-ennum aliññīṭaṭṭe ñān
anutāpa-cintakaḷ nirayum-enn-akatāril
amṛtamāy-amma niraññiṭṭaṭṭe

Puissé-je être libéré de tout ego, Mère. Puissé-je me fondre à jamais dans Ta compassion. Puisse mon cœur chagrin se remplir de la béatitude de Mère.

arinda nabarukkō (Tamoul)

arinda nabarukkō perumai
ariya seydavarkkō
kattra siruvarukkō perumai
kattru tandavarukkō

Qui a des raisons d'être fier : celui qui sait, ou son professeur ? L'élève instruit ou le maître ?

paḍarnda koṭiyilō perumai
paṭarum marattilō
vaḷarnda marattilō perumai
vaḷarkkum nilattilō
ēndi nirkka onṭrillāmal
eduvum vaḷarumō

Qui a des raisons d'être fier : l'enfant savant, ou le professeur qui lui a transmis son savoir ? L'arbre, ou la terre sur laquelle il pousse ? Sans support, qu'est-ce qui pourrait bien pousser ?

paravum maṇattilō perumai
parappum malarilō

viriyum malarilō perumai
virikkum kadirilō
māttramillā onṭrillāmal
māttram nigazhumō

Qu'est-ce qui peut être fier : le parfum ou la fleur qui l'exhale ? La fleur qui s'ouvre ou le soleil qui l'aide à s'épanouir ? Le changement peut-il survenir sans l'Immuable ?

uyarnda nabarukkō perumai
uyara seydavarkkō
uyarvu aruḷai sārndirukka
unnil ahankarippō
guruvin aruḷ illāmal inkē
eduvum naṭakkumō

Qui peut être fier : la personne qui atteint les sommets de la réussite ou celle qui l'y a aidée ? Comment peut-on être orgueilleux, quand tout succès dépend de la grâce ? Sans la grâce du guru, qu'y a-t-il de possible ?

ārōmal pūmpaitalē (Malayalam)

ārōmal pūmpaitalē kaṇṇā
prēma-nilāvoḷiyē
akatāril-ānandam ēkum nin
prēma manōjña-svarūpam

Ô Krishna bien-aimé, Tu es aussi délicat qu'une fleur. Pareil au clair de Lune argenté, Tu rayonnes d'amour. Ô Amour pur, Ta forme ravissante remplit mon cœur de béatitude.

tāḷam piṭikkum hṛdantam kaṇṇā
tēṭunnu kāl-taḷamēḷam
mañña-paṭṭuṭayāṭa cārtti kaṇṇā
tiruvuṭal tēja-svarūpam
tiruvuṭal tēja-svarūpam

Mon cœur languit de battre au rythme du tintement de Tes bracelets de cheville. Ta forme resplendissante est vêtue de soie jaune.

ā prēma-tāḷattil-uḷḷam nityam
nṛttam-āṭīṭān kotippū
prēmānantābdhiyil muṅgi kaṇṇā
nityamāy ninnil-aliyān
nityamāy ninnil-aliyān

Mon cœur aspire à danser éternellement au rythme de Ton amour. Krishna, je désire plonger dans l'océan d'amour et de béatitude, et me fondre à jamais en Toi.

ñān tanne nīyenn-ariyān kaṇṇā
ninnil-ennuṇmaye tēṭān
paramātma divya-poruḷē kaṇṇā
ātma-svarūpam-āyīṭān
ātma-svarūpam-āyīṭān

... savoir que je suis Toi, Krishna, et découvrir en Toi mon véritable Soi. Krishna, Tu es le Soi suprême, mon essence divine. Je veux me fondre en Toi, retrouver ma nature réelle : le Soi.

ārtta-bandhuvāya dēvi (Malayalam)

ārtta-bandhuvāya dēvi
cērttaṇaccu conna mantram
tīrttum-ende hṛttaḍattil
vārtteḍuttu mōkṣa cinta

Ô Mère, Tu es le refuge des malheureux. Lorsque, tout en me serrant contre Toi, Tu as murmuré le mantra à mon oreille, Tu as éveillé en moi le désir d'atteindre la libération spirituelle.

kīrttanam ceytīḍuvānāy
ōrtteḍukkān allalilla
kārtyāyani hṛdiyil
nṛtta-nṛtyam-āḍukayāl

Je me rappelle et récite aisément le mantra que Tu m'as donné, Ô Kartyayani, car Tu résides dans mon cœur. Je chante sans effort les hymnes à Ta gloire, Ô Kartyayani, car Tu danses joyeusement aux tréfonds de mon cœur.

cērttuvacca putra-vṛndam
hṛttunīri tēngiḍumbōḷ
ārttalakkyum-āzhi tāṇḍi
tīrtthamāy nī vannaṇayum

Quand Tes enfants pleurent de détresse, Tu viens, telles les eaux sacrées, leur faire traverser l'océan turbulent de la transmigration.

kōrttuvacca varṇṇa-māla
cārttuvānāy-orttiḍumbōḷ
tīrttum-ente hṛttaḍattil
mūrttamākum viśva-rūpam

Lorsque je m'absorbe dans Ton souvenir, brûlant du désir de Te parer de la guirlande de fleurs que pour Toi j'ai tressée, Ta forme cosmique apparaît dans mon cœur.

aruṇōdayattiṅkal (Malayalam)

aruṇōdayattiṅkal himabindu kaṇḍiṭṭu
paitalō mōhiccu vaiḍhūryamāy
ajñāna-hētuvāl vāsthavam kāṇāññu
martyarō āyussu vyartthamākki

En voyant à l'aurore une goutte de rosée, cet enfant ignorant la confond avec une pierre précieuse. Aveuglés par l'ignorance, les êtres humains gâchent leur existence, sans percevoir la Vérité.

ānandam tēṭinām naśvara-bhōgaṅgaḷ
svantam-ākkīṭuvān ōṭiyennāl
ātmāvin sāram-ariyātta jīvanum
vibhramam kāṭṭunna paitaḷallē

En quête de bonheur, nous courons après des plaisirs éphémères. Si nous ne connaissons pas le Soi éternel, ne sommes-nous pas des enfants plongés dans l'illusion ?

kaṇṇatinn-uḷkkāzhcay-ēkuvān īśvaran
kaṇmunnil-ettumbōḷ kāṇākēṇam...
kara-kaḷaññīṭaṇam hṛdaya-śrīkōvilil
kamanīya-rūpam pratiṣṭhikkaṇam

Reconnaissons Dieu quand Il vient à nous pour nous accorder la connaissance. Purifions le temple de notre cœur, afin de pouvoir y conserver précieusement Sa forme magnifique.

āvō muraḷīdhar (Hindi)

āvō muraḷīdhar mēre pās
āvō muraḷīdhar
muraḷī kē gītōṅ kō tērē
sunnē-kō mē taras rahī kānhā

Ô Krishna, Toi qui tiens une flûte, viens. J'attends de T'entendre jouer, ma souffrance est extrême.

muraḷī bajākē kyā tum
gayāṅ carā rahē hō
yā phir kahīṅ gōpiyōṅ kē
mākhan curā rahē hō
kahāṅ hō...

Joues-Tu, en cet instant, de Ta flûte auprès des vaches qui paissent dans la prairie ? Ou bien dérobes-tu le beurre de quelque vachère ?

kāhāṅ hō tum jaldi āvō... ō
hē prēm kē sāgar mērē kānhā

Où es-Tu ? Viens vite, Ô Océan d'Amour, mon Krishna bien-aimé !

paṅghaṭ par phirsē naṭkhaṭ
līla tum kar rahē hō
yā phir saṅg gōpiyōṅkē
rās racā rahē hō
kahāṅ hō

T'apprêtes-Tu à mettre en scène un nouveau jeu divin au bord de la rivière? Ou bien danses-Tu une fois encore avec les gopis Ta danse divine (rasa) ?

āyēṅgē mērē kānhā āj (Hindi)

āyēṅgē mērē kānhā āj
miṭ jāyēgi naynōṅ ki pyās
murjhāyē is jīvan mēṅ
āyēgi ab phir sē bahār

Mon Krishna viendra aujourd'hui réjouir mes yeux, étancher la soif de mon cœur. Le printemps resplendira de nouveau dans ma vie terne et insipide.

āñcal sē vō lag jāyēgā
kahtē huvē... mā... ō... mā...
pūchūṅgi us sē rōtē – hastē
yād kaisē mēri āyi āj

Il s'agrippera à moi en susurrant, « Maman, Ô Maman. » A travers mes rires et mes larmes, je Lui demanderai, « Tu T'es donc souvenu de moi aujourd'hui ? »

vādā usē karnā hōgā
chōḍ na jāyēgā mā kō kabhi
hōkē judā nandalālā sē
rah na sakūṅgi ik pal bhī

Il devra promettre de ne plus jamais laisser sa mère. Séparée du petit Krishna, je ne puis vivre un seul instant.

kānhā... kānhā...
kānhā... kānhā...

āyōrē āyōrē kānhā (Hindi)

āyōrē āyōrē kānhā sakhāvōṅ kē saṅg
vṛndāvan kē sundar vanōṅ mēṅ
mauj mēṅ bitānē sārā hi din
aur naṭkhaṭ līlāyēṅ karnē

Krishna, avec Ses amis, s'en va dans les belles forêts de Vrindavan afin de s'y amuser tout le jour, de folâtrer et de se livrer à d'espiègles jeux divins.

gōpāl gōpālā rādhē rādhē gōpālā
gōpāl gōpālā rādhē śyām gōpālā

Ô Krishna, bien-aimé de Radha !

āge āge kānhā caltē calē
pīchē dauḍē gāyēṅ gvāl sārē
vṛndāvan kī kuñj galiyōṅ sē
kānhā kī ṭoli baḍtī gayī

Krishna marche en tête, et tous les jeunes vachers et vachères courent le rejoindre ; la joyeuse troupe avance le long des étroites ruelles de Vrindavan.

cupkē cupkē kānhā cōr kī bhānti
vraj gōpiyōṅ kē ghar ghus jātē
dahi miśari mākhan kē saṅg
unkē dil bhī kanhā curā lētē

Discrètement, tel un voleur, Krishna se glisse dans les maisons des vachers et des vachères ; Il y dérobe des friandises et du yaourt, mais aussi les cœurs !

nācē nācē kānhā sabkō behlāyē
muraḷi bajākē vō sabkō lubhāyē
apnē tan man aur jag bhūlkē
sārē us dhun mēṅ khō jāyē

La danse de Krishna réjouit tout le monde. En jouant de sa flûte, Il les prend tous au piège. Oubliant leur corps, leur mental et le monde, tous sont absorbés dans cette divine mélodie.

bahū divasāñcī (Marāṭhi)

bahū divasāñcī manīṣā mājhī āja jhālī purī
māya māulī malā bhēṭalī mātā jagadīśvarī

J'ai si longtemps voulu connaître ma Mère bien-aimée. Mon vœu est à présent exaucé : j'ai rencontré la Mère de l'univers.

bhaktānsāṭhī prēmasvarūpiṇī kitī ga rūpē ghēśī
kadhī kālikā kadhī lakṣumī kadhī śāradā hōśī
yōgakṣēma pāhī bhaktāñcē mātā bhāgya vidhātrī
māya māulī malā bhēṭalī mātā hṛdayēśvarī

Ô Incarnation de l'amour, combien de formes ne prends-Tu pas dans l'intérêt de Tes dévots ? Tu apparais sous les traits de Kali, Lakshmi et Sharada. Ô, Toi qui accordes la bonne fortune, Tu as à cœur le bien-être de Tes dévots. J'ai rencontré la Mère que mon cœur appelait !

nakō dēūs antara ṭhēvi nirantara tujhiyā caraṇāsī

Je T'en prie, ne m'éloigne pas de Toi ! A Tes pieds, garde-moi toujours.

asthira vyākuḷa mana hē mājhē cañcala hōtē kitī
tulā pāhatā maja na kaḷalē sthirāvalē tē kadhī
dhāvata yēunī mātē majalā hṛdayājavaḷī dharī

māya māulī malā bhēṭalī mātā paramēśvarī

Grâce à Ton darshan, mon mental instable, agité, vacillant, est devenu calme et paisible. Ô Mère, je T'en prie, tiens-moi bien serré contre Toi. J'ai rencontré la Mère suprême !

tujhyā śīvāya mājhē śāśvata asē kharē ga kōṇa
asēna tēthuni dhāvō mājhē tujhiyā pāyī mana
kṛpādṛṣṭī tū ṭhēva nirantara āmhā bhaktānvarī
māya māulī malā bhēṭalī mātā śivaśankarī

Ô Mère, je T'en prie, serre-moi bien contre Toi. Puisses-Tu toujours poser un regard bienveillant sur Tes dévots. J'ai rencontré la Mère suprême ! J'ai rencontré la Déesse Parvati (la compagne du Seigneur Shiva) !

bandu chē (Gujarati)

bandu chē mā hṛdayanā dvār
khōlō mā tamē kṛpā nidhān
ajñānamā khūpī rahyō āj
kṛpā karō hē kṛpānidhān

Mère, la porte de mon cœur est fermée. Ô Trésor de compassion, je T 'en prie, ouvre-la pour moi. Je sombre dans la fange de l'ignorance. Ô Trésor de grâce, je T'en prie, répands sur moi Ta grâce !

manmā mārā cōr tē pāñc
kām krōdh mad lōbh mōh
mannē lūṭē din nē rāt
rakṣā karō hē rakṣaṇahār

Les cinq voleurs que sont la luxure, la colère, l'orgueil, l'avidité et l'illusion m'assaillent nuit et jour. Mère, sauve-moi.

ahamnō lāgyō rōg manē kēvō
layi jāy manē jāṇē kyā
āvāna mēdanē tāri pās
tārā sivā manē kōni ās

La maladie de l'ego me ronge, elle m'entraîne dans toutes les directions. Elle m'empêche d'arriver jusqu'à Toi. Ô Mère, quel refuge ai-je, autre que Toi ?

sācu ēk nām mānu bāki kēvanā
nām bhajilē mānu tāri sāthē haśē sadā

Mère, Ton nom est l'unique Vérité. Tous les autres noms ne sont que des noms. Chantez le nom de Mère. Lui seul demeurera pour toujours avec nous.

bhagavān kahāṅ (Hindi)

bhagavān kahāṅ bhagavān kahāṅ,
ḍhūṇḍā usē yahāṅ vahāṅ

Où est Dieu, Ô, où est-Il ? Je L'ai cherché partout.

mandir mēṅ masjid mēṅ
tīrath mēṅ ōr mūrat mēṅ
himālay kī ēkānt mēṅ
niścal man kē maun mēṅ
bhagavān kahāṅ bhagavān kahāṅ,
ḍhūṇḍā usē yahāṅ vahāṅ

J'ai cherché dans les temples, les mosquées, les pèlerinages, dans les idoles, dans le silence de l'Himalaya, dans le calme de mon cœur tranquille. Où est Dieu, Ô, où est-Il ? J'ai cherché ici, là.

dhyān kiyā bhajan kiyā
sukh ōr bhōg kā tyāg kiyā
sēvā bhāv sē dān kiyā
śāstr granth kā manan kiyā
bhagavān kahāṅ bhagavān kahāṅ,
ḍhūṇḍā usē yahāṅ vahāṅ

J'ai médité et chanté Sa gloire, renoncé au bonheur et aux plaisirs. J'ai pratiqué la charité avec une attitude désintéressée et étudié les Ecritures. Où est Dieu, Ô, où est-Il ? J'ai cherché ici, là.

bhaṭak bhaṭak kē pāyā khud kō
sadguru caraṇ chāyā mēṅ
pūchā mainē bhagavān kahāṅ
guru batlāyē tū hī bhagavān
jhāṅk bhītar pehechān khud kō
sākṣāt-kar apnē param pad kō
phir... bhagavān yahāṅ bhagavān vahāṅ
jahāṅ dēkhē bhagavān vahāṅ

J'ai demandé à mon guru « Où est Dieu ? » Et le guru a dit : « Tu es Dieu ». Où que tu regardes, le Seigneur s'y trouve.

mandir mēṅ bhagavān, masjid mēṅ bhagavān
tīrath mūrat rūp-rūp mēṅ, ab dikh tē bhagavān
dhyān mēṅ bhagavān, bhajan mēṅ bhagavān
maun vācc śabd śabd mēṅ gūñjtē bhagavān
sukh mēṅ bhagavān dukh mēṅ bhagavān
hastē rōtē bhāv bhāv kē dhartā hai bhagavān
tan mēṅ bhagavān man mēṅ bhagavān
jag kē kaṇ kaṇ mēṅ rahate haiṅ bhagavān

Dieu est dans le temple, Dieu est dans la mosquée. Dans le pèlerinage, les idoles, dans toutes les formes, Dieu est là. Maintenant, je vois Dieu. Dieu en méditation, Dieu en chantant. En silence, en parlant, dans chaque mot, Dieu est là. Dieu est dans le bonheur, Il est dans la souffrance. Dieu est dans le rire, dans les larmes, dans chaque émotion. Dans le corps, dans l'esprit. Dans chaque atome de l'univers, Dieu seul est présent.

tan mēṅ bhagavān, man mēṅ bhagavān

Dans le corps, Dieu est là ; dans le mental, Dieu est là.

bhajlē rām rām rām (Hindi)

bhajlē rām rām rām, sitā rām
bhajlē rām rām rām, sitā rām
janam tērā, saphal karēṅgē rām

Chantez Ram Ram Sita Ram, et Ram donnera valeur et sens à votre existence.

śabarī kē jaisā, bhāv jagāle
nirmal apnē, man kō banāle
man kī kuṭiyā, kō tū sajālē
rām nām kē dīp jalāle
khud āyēṅgē rām
janam tērā, saphal karēṅgē rām

Rendez votre cœur pareil à celui de Shabari (grande et très humble dévote de Rama). Purifiez-le et décorez ainsi le sanctuaire du cœur (comme la hutte de Shabari). Allumez la lampe du nom de Rama et Il viendra à vous ; Il donnera valeur et sens à votre existence.

viṣayōṅ sē tū, man kō haṭālē
har ik sāṅs mē rām basālē

rām dikhēṅgē, antar man mē
andar bāhar, har ik kaṇ mē
cārōṅ or haiṅ rām
janam tērā, saphal karēṅgē rām

Renoncez aux distractions de la vie. Laissez le Seigneur résider dans chacune de vos respirations. Alors, vous verrez Rama dans votre demeure intérieure. A l'intérieur comme à l'extérieur, dans chaque atome, dans les quatre directions, Ram est présent. Il donnera valeur et sens à votre existence.

rām ōr brahm, alag-alag nahīṅ
rām saguṇ hai, ōr nirguṇ bhī
kōyi bulāyē, rām prabhū jī
sītā pati bhī, puruṣōttam bhī
rām kē hī sab nām
janam tērā, saphal karēṅgē rām

Rama n'est pas différent de Brahman. Rama existe avec et sans attributs. Certains l'appellent Seigneur Rama, d'autres le désignent comme l'époux de Sita et d'autres encore, comme l'Être suprême. Tous sont les noms de l'Un suprême. Il donnera valeur et sens à votre existence.

bhakti dē mā (Hindi)

bhakti dē mā bhakti dē mā
dē mā bhakti bhakti dē mā
bhakti dē mā bhakti dē mā
ik varadān maiṅ tujhsē māṅgū
prēm bhakti tū dēnā mā
prēm bhakti tū dēnā mā

Mère divine, accorde-moi la dévotion ! La dévotion est le seul bienfait que je sollicite. Mère, accorde-moi la dévotion, la plus haute forme d'amour !

mōh rāg sab dūr karō mā
cain tū man kā dēnā mā
divya prēm sē mujhkō bhar dē
man nirmal kar dē mā – mērā
man nirmal kar dē

Ô Mère, délivre mon mental de tout attachement et de toute passion. Accorde-moi ainsi la paix. Emplis-moi d'amour divin, Ô Mère, afin que mon mental soit purifié. Ô Mère, purifie mon mental !

dvār tērē maiṅ āyā hūṅ maiyā
śaraṇ mēṅ mujhkō lē lō mā
man kō apnā bandhī banā lō
tum mēṅ līn rahē mā – bas
tum mēṅ līn rahē mā

Ma Mère, je suis venu jusqu'à Ta porte ; je T 'en prie, accorde-moi refuge ! Je T 'en prie, fais de mon mental Ton prisonnier afin qu'il se fonde en Toi pour toujours.

tav caraṇōṅ mēṅ āyā maiyā
mujhkō tū apnā lē
bhakti kā vardān dē mujhē
apnē mēṅ hi samā lē

Mère chérie, maintenant que j'ai atteint Tes pieds de lotus, je T 'en prie, accepte-moi comme tien. Je T 'en prie, accorde-moi la bénédiction de la dévotion et absorbe-moi en Toi !

birahō āgune (Bengali)

birahō āgune jōlichē hṛdōy
bōlītē nārī tōrē bidāy
mā hōyē mōrē, bhūlē gēlī
kālī tū hōlī mṛṇmayi

Mon cœur souffre dans le feu de la séparation. Je ne puis renoncer à Toi. Ô Mère, Tu m'as oublié. Ô Kali, Tu es devenue une statue figée.

kāḷī mā kāḷī mā kāḷī mā kāḷī mā
kāḷī mā kāḷī mā kāḷī mā kāḷī mā
bhēbē dākh mā tuyi nije
jōgōt bhūlē ēlō tōr kāchē
jōgōt bhūlē ēlō tōr kāchē
tōr-nōyōne-śubhi nijere bhūle
tāu ki nibinā kōlē tule

Ô Mère, je T'en prie, réfléchis : abandonnant tout, je suis venu à Toi. Je dormirai sous la vigilante protection de Ton regard. Refuseras-Tu encore de m'accueillir dans Tes bras ?

hāriye kōtō dikēr mājhē
pāgōḷ hōlam tōke khuje
pāgōḷ hōlam tōke khuje
ar kōrō na dērī ōmā
lōkhi hōyē nāu mākōlē

J'ai perdu la raison à force de Te chercher et m'égare dans toutes les directions. Je T'en prie, n'attends pas davantage. Je T'en prie, sois une mère compatissante et prends-moi dans Tes bras.

bōlo śyām rādhē rādhē (Hindi)

vandē nanda vṛjastrīṇām pādarēṇum
abhīkṣṇaśaha
yāsām harikathōtgītam punāti bhuvana-trayam

Je me prosterne devant la poussière que foulent les pieds des femmes de Vraj (le lieu de naissance de Krishna), dont les chants au Seigneur Hari purifient les trois mondes.

bōlo śyām rādhē rādhē, rādhē rādhē syām
bhav sāgar kō pār karāye śyāmji kā nām

Chantez « Radhe Shyam ! » Le nom de Krishna vous fera traverser l'océan du samsara.

vṛndāvan mathurā nahīṅ kēval unkā dhām
bhaktōṅ kē hṛdayōn mēṅ vō kartē haiṅ viśrām
bhūkhe haiṅ bas bhāvē kō bhāv hō niṣkām
dil sē pukārō āyēṅgē vō prabhu dayānidhān
prēm se bhajlē ab tu manvā rādhē rādhē śyām

Il ne réside pas uniquement à Vrindavan ou à Mathura. Il se trouve dans le cœur de ses dévots. L'amour désintéressé est tout ce qu'Il cherche. Appelez-Le de tout votre cœur et le Seigneur compatissant viendra. Chantez avec amour le nom de Radhe Shyam.

sūr mīrā sab nē pāyā ānand kā dhām
lēnā kabhi na bhūlē vō giridhāri kā nām
un caraṇōṅ kō pāyē binā na karanā tu ārām
dhanya banā dē apnā jīvan bhajlē rādhē śyām
prēm se bhajlē ab tu manvā rādhē rādhē śyām

Des saints comme Surdas et Mira ont atteint les plus hauts sommets de la béatitude. Ils se sont toujours souvenus du nom du Seigneur. Sans cesse, ils ont chanté Son nom. Ne gaspillez pas votre temps, manquant ainsi d'atteindre ces pieds sacrés. Donnez tout son sens à votre existence en chantant Radhe Shyam. Chantez le nom de Radhe Shyam avec amour !

cēsēdi nīvamma (Telugu)

cēsēdi nīvamma ceppukonēdi mēmamma
idi ēmi ñāyamamma (2)

Ô Mère, pourquoi, alors que Toi seule accomplis toute tâche, en tirons-nous une fierté personnelle ?

sūryuni veligiñcitivamma
candruniki śōbhaniccitivamma
viśvamunē sṛṣṭiñcitivamma
māku garvamu ēla icitivamma?

Tu donnes au Soleil sa lumière et son énergie. Tu prêtes à la Lune sa beauté. Tu as créé l'univers entier. Pourquoi, alors, nous as-tu faits si orgueilleux ?

paramēśvari bhuvanēśvari
jagadīśvari śaraṇam śaraṇam

Ô Déesse suprême, Déesse de la Terre, Déesse du Monde, accorde-nous refuge !

aviṭṭini koṇḍalu ekkiñcitivamma
mūganu mahākavini cēsitivamma
mā buddhini naḍipēdi nīvē amma
'nēnu cēsitinanna' aham nadamma

Par Ta grâce, le boîteux peut escalader les montagnes et le muet, partir dans une envolée musicale. C'est Toi qui illumines l'intellect. Pourquoi as-Tu laissé se loger en nous le sens illusoire d'un quelconque accomplissement individuel ?

chod de mānase (version Odiya)

chāḍi dē manaru duḥkha ra cintā
sumaraṇa kara ēī satya rē
dēha nohu tuhī mana bī nohū tū
kebaḷa ātmā tū jāṇīnē

hārī galū tūhī sukha khojī
khojī duniyāra sabū bhōgare
paramānanda jē tōharī antarē
tharē tahinki tū cāhānrē

mora tora ēī bhēdabhāba nēī
sānti bhalā kāhūn pāyibū
sabūrī bhītarē ēkayi ātmā
tū hī sabū ṭhārē vyāpta rē

ātmāra rāija tōrī āpaṇāra rē
mana tū kēbē nohū dīna
parama santira jhara to bhītare
re mana tū kebe nohū hīna

cinmay sundar (Marathi)

cinmay sundar mūrti sājirī
gaṇēś āvāhan man mandirī
manōbhāvē karu mānas pūjā
āratī ovāḷū gaṇarājā.

Seigneur Ganesh à la forme magnifique et rayonnante de béatitude, je T'invite dans le temple de mon cœur. En T'adorant sincèrement, je fais l'arati pour Toi (présentation traditionnelle et sacrée d'une flamme.)

gaṇapati bāppā gaṇapati bāppā gaṇapati bāppa
mōrayā
maṅgaḷa-mūrti maṅgaḷa-mūrti maṅgaḷa-mūrti
mōrayā

Seigneur Ganesh, Tu es propice, victoire à Toi !

varad-hasta bhakt kaivārī
gaurī-nandan vighna nivārī
śudh manācā naivēdya dākhavū
sadā sarvadā tulā āṭhavū

Fils de Parvati, Toi qui élimines les obstacles, toujours prêt à répandre Ta bénédiction sur Tes dévots, je dépose devant Toi l'offrande d'un cœur pur. Puissé-je toujours Te contempler partout et en tout.

gaṇarāyālā bhāvē vanduni
cittavṛtti caraṇī arpuni
ēkāgr hō-u nāma-smaraṇī
bhakti-bhāva jāgavū manī

Je m'incline devant le Seigneur Ganesha, offrant mon cœur et mon esprit à Ses pieds sacrés. Puissé-je chanter Ton nom sacré avec concentration et ainsi éveiller dans mon cœur la véritable dévotion.

nitya ghaḍū dē tujhē cintan
bharunī rāhō pūrṇ samādhān
hṛdayī dēvā mantr rūpē rahā
gam gaṇapatayē namō namaḥ

En Te contemplant constamment, puissé-je demeurer toujours heureux. Réside à jamais dans mon cœur sous la forme du grand mantra : « gam ganapataye namo namah. »

citaykkarikil (Malayalam)

citaykk-arikil vitumbi-nilkkum
svajana-bandhaṅgaḷ pakṣē
atu-kazhiññāl mizhi-tuṭaccavar
akannu-pōyīṭum

Notre famille et tous nos proches sangloteront à côté du bûcher funéraire. Puis, ils essuieront leurs larmes et s'en iront.

mṛtippeṭillann-uraccu svapnam
menaññu-kuṭṭunnu ellām
viphalam-ākum nizhalu-pōl yaman
arikil nilkkunnu

Nous entretenons de grands rêves, en oubliant que la mort viendra nous chercher un jour. Mais ces rêves ne se matérialisent pas car le dieu de la Mort nous suit comme une ombre.

kaṇakkutāḷil kuriccu-veccoru
dinam aṇayumbōḷ ārkkum
uṭu-tuṇikk-oru-maru-tuṇikkum
samayam-ēkilla

Quand viendra le moment prédestiné de notre mort, nous n'aurons même pas le temps de changer de vêtements !

paṭi-kaṭannā-yaman-aṇaññāl
maraññ-irunnīṭān svantam
uṭalu-pōlum iṭam tarill-aviṭat-
-azhiññu vīṇiṭum

Au moment où le dieu de la Mort franchira le seuil, nous ne pourrons même pas nous cacher derrière notre corps, car il se détachera du Soi.

uyirum-ūṭalum vērpiriññāl
uyiru-śēṣikkum vīṇḍum
uṭalināyi pala kaṭambakaḷ
kaṭannu-pōrēṇam

Lorsque le Soi et le corps se séparent, seul le Soi demeure. Il devra surmonter de nombreux obstacles avant d'obtenir un nouveau corps.

svayam ariññ-avan ariyum eṅgane
mṛtiye-vennīṭām – ennām
jananam ennatu maraṇam ennatu
phalita-vākyaṅgaḷ

Celui qui connaît son Soi peut vaincre la mort. L'homme, quand il a réalisé le Soi, peut sourire devant les mots « naissance » et « mort. »

dē darśan mā (version Odiya)

dē darśana mā dēbī mā ambē mā bhabānī mā

bandhu parijana bandhana micchā
mā sata ēkā sinā sēnēha tōra
dhana jana māna sabu micchā mā gō
sata ekā khālī prēma tōra

jai jai mā jai jai mā
jai jai mā jai jai mā

ē bhaba sāgara pāri kara mōtē
dhanya kari dē mā jībana mōrā
abōdha sīsu mu nīya kōḷē mā go
jagāo antarē parama prēma

Desire leads to anger (Anglais)

Desire leads to anger,
from anger follows fear.
The door opens for hatred
and sorrow's coming near.

Le désir mène à la colère, De la colère découle la peur. Puis la porte s'ouvre à la haine. Et la souffrance la suit de près.

Take my shame, take my pride,
everything, deep inside.
I need you. I'm hopeless
without your grace.

Prends ma honte, prends ma fierté, prends tout ce qui, au plus profond de moi, m'habite. J'ai besoin de Toi. Sans Ta grâce, je suis impuissant.

I surrender my mistakes.
surrendering desire...
opening to grace...
a love that has no limits...

Je dépose à Tes pieds mes erreurs. Je dépose le désir... M'ouvrant à la grâce... A un amour sans limites...

In your tender embrace,
accepting all and serving,
peace and joy come near.
Self-confidence gives courage,
and faith replaces fear.

Dans Ta tendre étreinte, l'acceptation totale et le service aux autres, la paix et la joie s'approchent. La confiance dans le Soi insuffle le courage, et la foi remplace la peur.

dil kō banā dō (Hindi)

dil kō banā dō madhuban
jahāṅ nācē kānhā rādhā saṅg
man kō banā dō vṛndāvan
jahāṅ basē kānhā har ik kṣaṇ
kānhā rē ō... kānhā rē...
hamnē sauṅpā tujhē
apnā tan man

Fais de ton cœur le jardin où le Seigneur Krishna danse avec Radha. Fais de ton cœur la demeure où Krishna réside à chaque instant. Ô Krishna, je T'abandonne mon corps et mon cœur.

rāt divas yahāṅ līlā racāvō
man mandir kō nivās banāvō
nayan mūndē tujhē bhītar pāvūṅ
har pal dil mēṅ rās racāvūṅ
kānhā rē ō... kānhā rē...
tujhkō hī pāvūṅ pās har – ik kṣaṇ

Fais du temple de mon cœur Ta demeure. Là, jour et nuit, Tu peux rejouer Ton jeu divin. Puissé-je Te contempler chaque fois que je ferme les yeux. Ô Krishna, puissé-je danser avec Toi et ne voir que Toi à chaque instant.

prēm bharī nazrōṅ sē nihārō
pyār bharī muskān luṭāvō
bāṅsurī kī ik madhur tān sē
ānand sāgar mēṅ lē jāvō
kānhā rē ō... kānhā rē...
hamnē kiyā tujhē jīvan arpaṇ

Pose sur moi des yeux pleins d'amour. Ô Seigneur, pose sur-moi la caresse de Ton sourire aimant. D'une seule et douce note sur Ta flûte, plonge-moi dans l'océan de béatitude. Ô Krishna, je dépose cette vie à Tes pieds.

Don't let me waste this life (Anglais)

Don't let me waste this life,
don't let me waste this life.

Ne me laisse pas gâcher cette vie, Ne me laisse pas gâcher cette vie.

Senses run wild,
attachments have piled
upon your darling child.

Les sens échappant à tout contrôle, Les attachements se sont accumulés Sur Ton enfant chéri.

By a touch from you I have come,
choosing a life doubted by some,
to live by your word
that in silence is heard
with hopes this 'I' will be cured.

Une caresse de Ta main, et je suis venu, choisissant une existence incomprise par certains, pour vivre selon Ta parole, qui dans le silence s'entend avec l'espoir que ce « Je » serait guéri.

Now at your feet I try
to realize before I die
the Truth that you know,
the compassion you show,
may love forever grow.

A présent, à Tes pieds, je m'efforce d'atteindre avant ma mort la Vérité que Tu connais, la compassion que tu exprimes. Puisse l'amour grandir à jamais.

By serving you I'll be free.
Your presence in humanity,
for You are in me
and all that I see
this opportunity.

En Te servant je serai libre. Ta présence au sein de l'humanité, car Tu es en moi, et tout ce que je vois, c'est cette grâce qui m'est offerte.

ē amma! (Telugu)

ē amma! mūḍu jagamulanu ēlēṭṭiyamma
ē amma! muggurammalaku mūlapuṭṭamma
ē amma! sarvāntaryāmiyai uṇḍēṭṭiyamma
ā ammanē... manatō naḍici mananu naḍipiñcu
jagadīśvarī... sarvēśvarī... śrī mātā laḷitā
paramēśvari

La Mère Divine règne sur les trois mondes. Elle est la Mère des trois déesses (Lakshmi, Durga et Saraswati). La Mère divine réside en chacun sous la forme du Soi intérieur. La même Mère divine marche avec nous et nous fait avancer sur le chemin spirituel. Ô Déesse du monde, Déesse de tout ce qui est, divine Mère Lalita, Déesse suprême !

sarva lōkamulaku śānti
sarva jīvamulaku śānti
sarva svarūpiṇī jayahō
sarva śaktimayī jayahō
jayahō... jayahō... jayahō

Puissent tous les mondes être en paix. Puissent tous les êtres connaître la paix. Victoire à la Mère divine, l'incarnation de toutes les formes. Victoire à la Mère divine, l'incarnation de toutes les énergies. Victoire à la Mère divine !

ē amma! manatōḍugā nilaci mananu
rakṣiñcēṭṭiyamma
ē amma! manalōnēvuṇḍi mananu śāśin
cēṭṭiyamma
ē amma! manatō jīviñci manaku guruvai
nilicinayamma
ā ammanē... manatō naḍici, mananu naḍipiñcu
jagadīśvarī... sarvēśvarī... śrī mātā laḷitā
paramēśvari

La Mère divine se tient à nos côtés et nous protège. Elle réside en nous et nous gouverne. La Mère divine est devenue notre guru et Elle vit avec nous. Ô Déesse du monde, Déesse de tout ce qui est, divine Mère Lalita, Déesse suprême !

sarva lōkamulaku śānti
sarva jīvamulaku śānti
śānti pradāyini jayahō
śaraṇa dāyini jayahō
jayahō... jayahō... jayahō...

Puissent tous les mondes être en paix. Puissent tous les êtres connaître la paix. Victoire à la Mère divine qui accorde la paix et le refuge. Victoire à Toi !

ē duniyā hai (Punjabi)

ē duniyā hai nirā tamāśā
ē cār dinōṅ dā hai vāsā
kadī rōṇā tē kadī hāṅsā
kadī āśā tē kadī nirāśā

Ce monde n'est qu'un jeu, un lieu d'existence transitoire. Entre rires et larmes, l'espoir par moments nous habite et à d'autres, le désespoir.

nā duḥkh raine nā sukh raine
nā bhain bharā mā pē raine
ē tan gaine kujj nayī raine
terē nāmō-niśā nā kōī raine
gurucaraṇ caraṇ lē śaraṇ śaraṇ
ē duniyā hai nirā tamāśā

Ni la souffrance ni le bonheur ne demeurent. Pas plus que ne subsisteront vos proches et tous ceux qui vous sont chers. Ni ce corps ni les richesses, ni la trace de votre nom et de votre célébrité.

sab apnē nē nā kōī bagānā
kujj lēkē nayī aithō jāṇā
hūṇ chaḍh dē tū mēmē karnā
pachtāyēṅgā nayī tā varnā
gurucaraṇ caraṇ lē śaraṇ śaraṇ

Tout le monde est Un, personne n'est séparé. Nous ne pouvons rien emporter en quittant cette terre. Alors maintenant au moins, cessez de dire « moi » et « mien » au risque, sinon, de devoir vous en repentir. Prenez refuge aux pieds du guru.

ēk dīp jalāyē ham (Hindi)

ēk dīp jalāyē ham pyār kā
ēk dīp jalāyē ham viśvās kā
lēkē calē ham yē jyōt sārē jag mēṅ
phailāyē ham sandēś śānti kā

Allumons une flamme d'amour, allumons une flamme d'espoir. Portons cette flamme à travers le monde et répandons le message de la paix.

ōm lōkāḥ samastāḥ sukhinō bhavantu

Puissent tous les êtres de tous les mondes être heureux.

muskān sē bharā hō har cehrā
miṭ jāyē jag sē ātaṅk kā andhērā
jiyē sukh ōr śānti sē jan sārē
khudā kardō yē sapnā sacc hamārā

Puisse un sourire éclairer chaque visage, puisse l'obscurité du terrorisme disparaître de ce monde. Puissent tous les êtres humains vivre heureux et en paix. Ô Seigneur, exauce-notre rêve !

miṭ jāyē yē mānavi sīmāyēṅ
mansē man har insān kā juḍ jāyē
zarūrat mandoṅ kī karē sēvā
ismē pāyē ham tuṣṭi hamēśā

Puissent les frontières créées par les humains disparaître. Puissent tous les esprits s'unir. Puissions-nous venir en aide à ceux qui souffrent et trouver le contentement et le bonheur éternels.

banāyē ham milke nayā daur
kadam sē kadam baḍhāyēṅ iskī ōr
bin kōyī santāp aur śōk
jiyē is jag mēṅ sab lōg

Ensemble, créons une ère nouvelle. Marchons ensemble vers ce but. Puissent tous les êtres humains vivre dans ce monde, libres de toute affliction et de toute souffrance.

ēk vacani ēk bāṇi (Marathi)

ēk vacani ēk bāṇi asā mājhyā rāmrāyā
hē raghunandan kuḷōddhāri var dē āhmā guṇgāyā

Mon Ramaraya, Toi dont la parole est sincère, Ô Seigneur du clan des Raghu, protecteur de la famille (kula). Nous Te rendons grâce, Toi qui sauves les clans.

avatarḷā yajñi putrkāmēṣṭi
daśarath kuḷi avadhpuri
kōmaḷ śyāmaḷ rājīv-nētri
asur bhañjak dhanurdhāri
mātṛpitṛ ājñāpālak nighē
vanā jāyā hē raghuvamśī

Né de Putrkameshthi Yajna, Tu T'es incarné dans le clan de Dasharata à Ayodhya. Ton corps délicat est de couleur sombre et Tes yeux sont pareils à des pétales de lotus. Tu tiens l'arc et Tu détruis le mal (les démons) ; obéissant à Tes parents, Tu es parti pour la forêt, Ô Seigneur Raghuvanshi !

uddharisi tū jaḍ jīvānā
caitanya mati bhakti dēsi

ṛṣī muniyāñcē yāg rakṣisi
sṛṣṭi śānti sṛjan kari
bhārmukt kari dharaṇimātā
sakaḷā śānti ānandā

Ô Sauveur des âmes asservies, accorde-moi la dévotion et un intellect éclairé. Tu protèges les rites sacrificiels des rishis. Tu es le Protecteur, Celui qui dispense le bonheur.

prajā-pālakā sukh-pradāyakā
bhakta-vatsal dīnōddhāri
rām rājā amar bhūvarī
ādarś hōyi mānav jagati
dīpastambh tamhāri tū
nītimay hē avatāri

Affectueux envers les dévots, Tu libères les malheureux. Tu es le Roi Rama, immortel sur terre. Tu incarnes un idéal pour l'humanité, Tu es un phare, Celui qui abolit le tamas, un exemple de moralité.

raghupati rāghava rājārām patita pāvana sītārām

Victoire à Rama, Seigneur des Raghus, soutien des êtres déchus, Sita Rama !

entinu śokam (version Telugu)

ēla ī śōkam manasā
nī nija bhāvamadi kādu
sāndra sukhāmṛta sāmrajyamlō
ēkādhipati ani erugu

mārppu anunadi mārani niyamam
mārani vastuvani gurttiñcu
maru bhūmilō eṇḍamāvula pōle
māyākṛtamī jagamantā

āndhyam tyajiñcu manasā akhilamu
ātmēyani grahiyiñcu
erukana śrīmukha prabha darśiñcu
erigetḍu ahamē nī rūpam

Eons of lifetimes (Anglais)

Eons of lifetimes
seeking the divine,
I wake to your drum
and call out śivoham!

Depuis des millions de vies, en quête du Divin je m'éveille au son de Ton tambour, et je chante shivoham !

So long I am seeking
freedom from samsāra.
My heart keeps repeating
om namah śivaya
om namah śivaya, om namah śivaya
My heart keeps repeating om namah śivaya

Si longtemps que je cherche La libération du samsara. Mon cœur répète sans relâche Om namah shivaya Om namah shivaya, Om namah shivaya. Mon cœur répète sans relâche Om namah shivaya

Stuck in the vast mires
of fears and desires,
I wake to your drum
and call out shivoham!

Enlisé dans les vastes et profonds marécages des peurs et des désirs, je m'éveille au son de Ton tambour et je chante shivoham !

gaṇēśa namaḥ ōm (version Odiya)

gaṇēśa namaḥ ōm
gaṇēśa namaḥ ōm
gaṇēśa namaḥ śrī
gaṇēśa namaḥ ōm

hē gaṇanāyaka śubhaphaladāyaka
bighna-bināsanakārī
bidyādāyaka buddhipradāyaka
siddhibināyaka swāmī

tōrī pūjā karē bhakata pahilē
gāē sē tōrī mahimā
dura kara prabhu sabu amaṅgala
sukha rē bharu ē duniyāṅ

gaṇēśa siddhi dātā (Hindi)

gaṇēśa siddhi dātā
mahēś kē kumārā
samasta vighna nāśā
namō bhavāniputrā

Ganesh ! Toi qui accordes des pouvoirs divins, Fils de Shiva. Nous nous prosternons devant Toi, destructeur des obstacles, fils de la Déesse Parvati.

jay gaṇēś... jay gaṇēś...
jay gaṇēś... jay gaṇēś...
jay gaṇēś jay gaṇēś jay gaṇēś jay
jay gaṇēśa jay... jay gaṇēśa jay...

Victoire à Ganesh !

tum hī karōgē mangal
samasta vighna bhañjan
bhajē tumāri mūrat
karō hamārā rañjan

Toi qui es propice, destructeur des obstacles. Ravis nos cœurs, tandis que nous chantons Ton nom.

trilōk vāsiyōṅ par
abādh tērā śāsan
tumhārē kōyi pūjak
kabhī na hōtē śrīhīn

Ô Souverain des trois mondes, aucun de Tes dévots n'est jamais privé de Tes bienfaits.

giri vana puri (Kannada)

girivanapuri tīrtthādigaḷalli
dikku deseyillade alediruve
kanasina māyā lōkada teradi
bhramita manadi nī aledāḍiruvē

Tu erres sans but dans les montagnes, les forêts, les villes et les lieux de pèlerinage. Tu erres, tel un somnambule, dans ce monde pareil à un rêve.

kṛṣi illada bañjaru bhūmi
vivēkavillada ninnāvasthe
manaḥśuddhiyindale jñānodayavu
jñānadindalē śāśvata sukhavu
manujā... manujā... hiḍi nī gurupādā
bēgane kaḷevanu bhava bhārā

Privé de tout discernement, tu es comme une terre aride et stérile. La connaissance s'éveille uniquement dans un esprit pur, et elle seule procure un bonheur durable. Ô Homme, accroche-toi fermement aux pieds du guru. Il te libèrera de l'attachement au monde.

vyāghrage sikka jiṅkēya teradi
āgihe nīnu māyāvaṣadi
jīvita vyartthavu āgade irali
aritukō parama tattvava javadi
manujā... manujā... hiḍi nī gurupādā
bēgane kaḷevanu bhava bhārā

Comme un chevreuil dans la gueule d'un tigre, Tu es pris au piège de Maya (l'illusion cosmique.) Ne gâche pas le reste de ta vie, réalise vite la vérité ultime. Ô Homme, accroche-toi fermement aux pieds du guru. Il te libèrera du fardeau du monde.

gōkulanāthā gōpakumārā (Tamil)

gōkulanāthā gōpakumārā, gōvindā hari gōvindā
ālilai kaṇṇā āzhiyin vaṇṇā
āṭiṭuvāy en agantanilē

Seigneur de Gokula, jeune vacher, Govinda, Hari ! Ô Krishna, Toi qui flottais sur une feuille de banyan. Ton teint a la couleur de l'océan. Je T'en prie, viens danser dans mon cœur !

vṛndāvanattin tenṭralumē
un kathai yāvum kūriṭumē
pēsum kiḷiyum vandu enniṭattil
pērazhagan unnai varṇṇikkumē
nittam nittam undan ninaivinilē
cittam siragaṭittu paranditumē
nēsam tavira neñcil ēdumillai
ninaiyanṭri enakkinku evarumillai

Ô Krishna, la brise de Vrindavan raconte les histoires de Ton enfance. Un perroquet chantant m'a décrit Ta beauté. Chaque jour, mes pensées vont vers Toi et mon esprit s'envole alors comme un oiseau. Je n'ai dans mon cœur que de l'amour. Je n'ai pas d'autre soutien que Toi.

un kuzhal nādam kēṭkaiyilē
en manappūvam pūttiṭumē
nādam vanda disaiyinil ōṭi
nādanin tāḷ vandu sērndiṭumē

suṭṭri suṭṭri vandu unnaṭiyai
pattri paṭarum oru pūnkoṭi nān
sōgam ēdumillai un ninaivāl
sukham tarum maṇamē en manadil

Ô Krishna, lorsque j'entends la musique de Ta flûte, mon cœur s'épanouit. Je cours vers Ta musique et j'atteins Tes pieds sacrés. Je suis une liane qui, pour grandir, s'enroule autour de Tes pieds sacrés. Mes souvenirs de Toi effacent toute tristesse, seul Ton doux parfum demeure.

gōkulanāthā gōvindā – gōpakumārā gōvindā
gōvindā hari gōvindā gōvindā hari gōvindā

gōpālak bāsurī (Hindi)

gōpālak bāsurī sē jab
āyā ēk mōhan gānā
gōlōk mēṅ phailī tab hī
māyā – muraḷī kī jādū

Quand une merveilleuse mélodie s'éleva de la flûte de Krishna, la magie de Maya (la Grande Illusion) se répandit dans Goloka.

kṛṣṇa kṛṣṇa ghanaśyāma
vēṇugāna rasalōlā
vāsudēva vanamāli
gōkulēś giridhāri

Ô Krishna, Toi qui ravis les cœurs, Ô Vasudeva, Giridhari, Tu délivres Tes dévots de leurs fardeaux.

bōlē sab gōkul vāsī
'rādhē śyām kuñj bihārī
gōpījan vallabh pyārē
kālindi tīr bihārī'

Tous les habitants de Gokula chantent le nom de Radhe Shyam, le Bien-aimé des Gopis qui vivaient au bord de la rivière Kalindi.

tārōṅ nē tāl milāyā
barasāyē phūl surōṅ nē
āyī sab gōp vadhū jan
nācī harisē mil sārī

Les étoiles donnèrent le rythme, et les mélodies répandirent une pluie de fleurs. Toutes les Gopis s'avancèrent, telles de jeunes mariées, pour danser avec leur Seigneur à la forme enchanteresse.

muskāyē madhuban kē phūl
phailī sab aur sugandhi
laharāyī cāndani – sindhu
kānhā kī mahimā gāyī

Les fleurs exhalèrent leur parfum en souriant et le clair de lune enveloppa tout, tandis que les océans chantaient la gloire de Krishna.

hōli āyi khuśiyāṅ (Hindi)

hōli āyi khuśiyāṅ lāyi
hōli kā tyōhār āj āyā hai
prēm kā sandēsā sāth lāyā hai

Le festival de Holi est arrivé, apportant avec lui son message d'amour.

raṅg ḍālne āyē kānhā
gōp gōpiyōṅ nē nahīṅ mānā
āj tō maiṅ raṅg ke rahūṅgā
kānhā nē bhī phir ṭhānā
kānhā nē nikāli baḍi pichkāri
gōp gōpiyōṅ pē paḍ gaye bhārī
gōp gōpī huē sab daṅg
andar bāhar raṅg
kānhā ke raṅg sē
raṅg gayē sārē

Lorsque Krishna s'avança pour asperger les gopis de couleurs, elles protestèrent. Mais le Seigneur saisit Ses couleurs et les lança sur elles ; et les gopis, trempées, furent tout étonnées de se voir couvertes des couleurs de Krishna !

ab tō rādhā jī nē ṭhānā
nahīṅ chōḍēṅgē tujhē kānhā
aisā raṅgēṅgē tujhkō
nahīṅ bhūlēgā tū raṅgānā
pichkāriyoṅ ko lē apnē saṅg
chup chup lāyī hāthōṅ mēṅ raṅg
kānhā kō prēm sē raṅg ḍālā
pīlā nīlā aur gulābī
prēm sē raṅg ḍālā
hōli kā tyōhār āj

Alors, Radha décida de ne pas épargner son Seigneur. « A présent, c'est nous qui allons T'éclabousser de couleurs et jamais Tu ne l'oublieras ! » Cachant les couleurs dans leur dos, elles couvrirent Krishna de leur amour jusqu'à ce qu'Il soit jaune et bleu et rose. Ainsi, jusqu'à ce jour, le festival de Holi est coloré d'amour divin.

hṛdayam dravicc-ozhukum (Malayalam)

hṛdayam dravicc-ozhukum cuṭu
mizhinīr-alayaniśam
janani tava kazhal-tārati
tazhukunn-anu nimiṣam

Ô Mère ! Les larmes brûlantes de mon cœur éploré baignent constamment Tes pieds de lotus.

kadanam tiṅgi hṛdayam viṅgi
vadanam maṅgi – iniyum
arutē tava viraham, mama
hṛdayam nīriy-eriyum

Mon coeur est triste et se languit de Toi. Mon visage a perdu son éclat. Je ne puis endurer plus longtemps la douleur d'être séparé de Toi.

muzhuveṇmati-dyuti pōl hṛdi
ozhukīṭuka sadayam
āzhalāttuka jagadīśvari
kazhal-tārati tozhunnēn

Puisses-Tu resplendir à jamais dans mon cœur, avec le radieux éclat de la pleine lune argentée. Ô Déesse du monde, je T'en prie, délivre-moi de ma peine ! Les mains jointes, je prie à Tes pieds sacrés.

jana-kōṭikaḷuṭe hṛdaya-ārādhanam
satatam tava pada-malaraṭikaḷ
paramānanda payōdhi-samānam
tava-karuṇāmṛta hṛdayam
janani janani
tava karuṇāmṛta hṛdayam

Ils sont des millions à adorer dans leur cœur Tes pieds de lotus. Ton cœur plein de compassion est un océan de béatitude suprême.

hṛdinivāsi (Kannada)

hṛdinivāsi hṛṣīkēśa hāṭakāmbaranē
hāḍi hogaḷi ninna mahimē nāvu nalivevu

Ô, Toi qui résides dans le cœur, Ô Hrishikesha (Celui qui possède le parfait contrôle sur les sens, un autre nom du Seigneur Krishna), vêtu de soieries dorées ! Nous chantons Ta gloire et un bonheur immense nous habite !

gajēndrana bhaktigolidu dhruvana tapake maṇidu
dūrvāsara śāpadinda kāydē ambarīśana
bhūsurēndra ninna bhajise bhayavēkē namage
dhyāna niṣṭhe bhakti nīḍu dāmōdarā

Tu as apprécié la dévotion de Gajendra (le roi des éléphants) et l'austérité de Dhruva. Tu as protégé Ambarisha de la malédiction de Durvasa. Ô Suprême parmi les dieux, nous ignorons la peur car nous chantons Ton nom. Ô Damodara (nom du Seigneur Krishna), nous T'en prions, accorde-nous une dévotion sans faille.

gōkula kṛṣṇa gōvinda kṛṣṇa (2)
gōpi-priya kṛṣṇa

Victoire au Seigneur des vachers et des Védas, Bien-aimé des jeunes gopis et de leurs troupeaux !

kunti-dēvi kai mugiyē pāṇḍavara sakhanāgi
hagaliruḷu kāvaliṭṭu pālisi pōṣiside
bhakta prahlādana bhāvapūrṇa bhaktigē
mecci maguva kaṣṭake sadā odagi bandē

Tu as accepté les prières de Kunti. Ami des Pandavas, Tu les as protégés en permanence. Ravi par la dévotion sincère de Prahlada, Tu lui as épargné toutes les épreuves et toutes les tribulations.

kanaka purandaradāsa gōrā-kumbārarigē
divya daruśana nīḍi dhanyara gaidē
nīn-olive ṣarat rahita bhakti prēmakē
karuṇisu ni namage jnāna mārgava

A des saints tels que Kanakadasa, Purandaradasa et Gorakumbhar, Tu as accordé la bénédiction de Ton darshan (vision divine). On peut T'atteindre grâce à une dévotion inconditionnelle. Nous T'en prions, montre-nous le chemin vers la sagesse divine.

indu habba (Baḍuga)

indu habba jana nanka ā mayakkaṇō
habba māṭuvō – āṭṭāṭuvō – ellā sinkarava irili

Aujourd'hui c'est jour de fête. Célébrons et dansons joyeusement. Que tous, en ce jour, soient heureux.

nankammā illi bandiyā
bandu nankava nōḍiyā
nōḍi nankava gavamāṭiyā
gavamāṭi nankava sinkaramāṭiya

Notre Mère va venir nous voir, répandre sur tous Son amour et remplir nos cœurs de bonheur.

ī lōka māyānta buḍisiya
ēkāntalē atu nanka hettē ammā...
habba māṭuvō – āṭṭāṭuvō – ellā sinkarava irili

Elle nous libère de l'illusion car Elle est notre Mère. Célébrons et dansons joyeusement. Que tous, en ce jour, soient heureux.

beṭṭa otaka rājiyamāṭūva hettē
binna bīsalu māṭibuḍu hettē
sīmēnō sinkarata enna dēvi – ninna
sinkara mukhava nōḍōduka āsabandarā

Ô Mère, Toi qui résides sur la montagne, nous T'en prions, éclaire nos vies. Ô Toi, dont la beauté est sans égale dans l'univers, nous languissons de voir Ton beau visage !

bhakti tā... bhakti tā... hettē
ninna śakti tandu badukuvē hettē
gavatā – gavatā – hettē
gavava tandu mayaksuvē hettē
nambikai tā... nambikai tā... hettē
nambikai tandu dāri tōrsuvē hettē

Mère, bénis-nous, accorde-nous la dévotion et la force. Mère, donne-nous Ton amour, enivre-nous de Ton amour. Mère, donne-nous la foi et montre-nous le bon chemin.

indu habba jana nanka ā mayakkaṇō
habba māṭuvō – āṭṭāṭuvō – ellā sinkarava irili

Aujourd'hui, c'est jour de fête. Célébrons et dansons joyeusement. Que tous, en ce jour, soient heureux.

indukalā-dhara (Sanskrit)

indukalā-dhara gangā-jaṭā-dhara
śambhō śankara gaurīśa
sārasa-lōcana parimaḷa-gātra
pāvana-carita bhuvanēśvara

Shiva règne sur le temps (les cycles lunaires) et porte dans Ses cheveux emmêlés le fleuve sacré Ganga. Shambho, Shankara, Seigneur de Parvati ! Shiva a des yeux de lotus et Son parfum est la cendre du renoncement. Ô Seigneur du monde, le récit de Ta gloire est pur !

śambhō śankara śambhō śankara
śambhō śankara śivasambhō

Ô Shiva, Source de bonheur éternel.

dīna-dayāmaya dhīra parātpara
sāmba-sadāśiva mada-mathana
dēvadēva jaya sāmaja-varṇita
śūlapāṇē hṛdayēśvara

Tu fais preuve de compassion envers les malheureux, Ô Shiva, le Courageux, le Suprême. Tu secoues notre orgueil et fais ressortir nos impuretés. Victoire au Dieu des dieux, loué dans le Sama Véda. Tu portes le trident 'trishula', parfait équilibre entre les aspects masculin et féminin, Seigneur de mon cœur.

parvata-nandinī priya-vadana sōma
sarva-layaṅkara jita-madana
karuṇālaya kailāsa-nivāsa
paripālaya mām paramēśvara

Bien-aimé de Shakti, Ton visage rayonne, ivre de la connaissance suprême. Tu annihiles toutes les limitations et nous mènes tous à l'état de la conscience infinie. Demeure de la compassion, Toi qui résides sur le Mont Kailasa, Seigneur suprême, accorde-moi refuge.

ini oru janmam (version Tamoul)

ini oru piravi tārādē kṛṣṇā
madimōha cēril – kāl iḍari vīzhum
tarumenil nin bhakta aṭiyārkkaṭiyanāy
vāzhndiṭa enakkenḍrum varam vēṇḍumē

tirunāmam manadirkkuḷ niraivāga cey – kṛṣṇā
tirupāda malarenḍrum teḷivāga cey
sakalamum iraivā nin uruvāga tōnḍra cey
samanilai enḍrum en iyalpāga cey

kṛṣṇā... aruḷnidhiyē... tozhudēn unai... kai
tozhudēn... kai tozhudēn...

avanikku payanāgum vidhamāga cey – janmam
azhiyāda sukham nalgum vazhiyāga cey
anumadi adarkkāga tarumenil piravigaḷ
palanūr iniyum nī enakkaḷippāy

innentē vannilla (Malayalam)

innentē vannilla kaḷḷakkaṇṇan
mēcaka varṇṇanām uṇṇikkaṇṇan
ñānillā nērattu vannu-kērum
ñān vacca-veṇṇa kavarnnu pōkum
tiṇṇamuriyile maṇkalaṅgaḷ
onnillātellām uṭaccu-vakkyum
innentē vannilla kaḷḷakkaṇṇan
veṇṇa kavarunna kuññucōran
kuṭṭikkurumbā kaḷḷakkarumbā ōṭakkuzhal-ūti
cārē varu

Pourquoi le petit Krishna au teint sombre, le voleur des cœurs, n'est-Il pas venu aujourd'hui ? Il viendra donc en mon absence, voler le beurre que j'ai fait. Il brisera tous les pots en terre dans la cour. Pourquoi Krishna, le voleur des cœurs n'est-Il pas venu aujourd'hui ? C'est un petit voleur de beurre ! Ô, espiègle Krishna, Ô voleur chéri, je T'en prie, viens à moi, en jouant de Ta flûte !

innīkkuṭilil nī vanniṭumbōḷ
vātil marañña ñān nōkki-nilkkum
pīṭhamatilāyi ēritinnā
veṇṇayum pālum kavarnniṭumbōḷ
cēlilāy ninne piṭiccu keṭṭum
kaṇṇu-kuḷirkkē ñān nōkki-nilkkum
innentē vannilla kaḷḷakkaṇṇan
amma yaśōda tan kaḷḷakkaṇṇan
kuṭṭikkurumbā kaḷḷakkarumbā ōṭakkuzhal-ūti
cārē varu

Aujourd'hui, je me cacherai derrière la porte pour Te voir te glisser dans cette hutte. Puis, quand Tu grimperas sur le tabouret afin de dérober le beurre, je T'emprisonnerai dans mes jupes et Te contemplerai à satiété. Voleur des cœurs, enfant adoré de Mère Yashoda, pourquoi n'es-Tu pas venu aujourd'hui ? Ô, espiègle Krishna, Ô voleur chéri, je T'en prie, viens à moi, en jouant de Ta flûte !

sūryan paṭiññāru cenn-aṇaññu
kālikaḷ mēññu tiriccu vannu
ñān vecca veṇṇa niram pakarnnu
kaṇṇil-eriyum tiriyum keṭṭu
ñānillā nērattu mātram-āṇō
nī vannu pōkuka ende kaṇṇā
amma yaśōdakkyu mātramallī
ninne puṇaruvānuḷḷa bhāgyam
kuṭṭikkurumbā kaḷḷakkarumbā ōṭakkuzhal-ūti
cārē varu

Le soleil s'est couché à l'ouest, et les vaches sont rentrées des prés. Le beurre que j'ai fait a changé de couleur. La lumière, dans mes yeux, s'est éteinte. Ô, mon cher Krishna, ne viendras-Tu qu'en mon absence ? La chance de Te serrer dans ses bras est-elle uniquement réservée à Mère Yashoda ? Ô, espiègle Krishna, Ô voleur chéri, je T'en prie, viens à moi, en jouant de Ta flûte !

iṇṭilōkki (Telugu)

iṇṭi lōkki vacināḍē – cinnāri kṛṣṇā - manassu lōki vacināḍē
iṇṭilōkki vacināḍu manassuloki vacināḍu
vennalanni dōcināḍē –
cinnāri kṛṣṇā manasulanni dōcināḍē

Le petit Krishna s'est introduit dans ma maison et dans mon cœur. Il est entré dans la maison et a dérobé le beurre. Il est entré dans mon cœur et a volé mon cœur. Le petit Krishna a volé nos cœurs !

uṭṭipaina vennamuntta gollabhāmā
cekkucedara-kuṇḍinādē
uṭṭipaina munttalū cekkucedar- kuṇḍenū
vennamudda kānarādē – cinnāri kṛṣṇā
vennalanni dōcināḍē

Ô, gopi, les pots suspendus au plafond ne semblent pas avoir été dérangés et pourtant, le beurre a disparu. Le petit Krishna est sûrement entré dans la maison, et Il a volé tout le beurre !

impaina mōmuvāḍē cinnikṛṣṇā
sompugā navvēvāḍē
impaina mōmutō sompugā navvutū
manassulō dūrināḍē – cinnāri kṛṣṇā
manassunē dōcināḍē

Avec son beau visage et son sourire enchanteur, Il est entré dans mon cœur. Le petit Krishna a volé mon cœur.

iruḷil ninnuṭal (Malayalam)

iruḷil ninnuṭal cumaṭum cummi
varunn-iviṭēkkyu manuṣyan
niravadhi karma-gatikk-anurūpam
iruḷil pōyaṭiyunnu

Les ténèbres de l'ignorance font naître un être humain en ce monde, où il porte le fardeau du corps. Après une vie passée à récolter les fruits de ses actions, il retourne ensuite vers l'obscurité.

arutivaruttān ariyārutātī
gamanāgamanam tuṭarum
jīvitam-ennum-anātham palakuri
jani-mṛti-cakram-uruṇḍu

Jusqu'à ce que l'homme atteigne la véritable connaissance, il continue ses va-et-vient. La roue de la vie et de la mort tourne sans relâche et la vie continue, sans aucun soutien.

taṅgaḷil-ariyunn-illatum-alla
avan-ariyunnill-avane
sahayātrikar-ennālum paricitar-
allakamizhiyil timiram

L'homme ne se connaît pas lui-même, il ne connaît pas sa véritable essence. La vision de ses compagnons, eux-mêmes ignorants du Soi, reste voilée par la cataracte de l'ignorance.

paramānanda pālkkaṭal-uḷḷil
alañoriyunnuṇḍarivāy
ariyān sadayam kṛpayaruḷiṭān
gurucaraṇam tān śaraṇam

Les vagues lactées de l'océan de la Béatitude suprême se trouvent à l'intérieur de votre propre Soi. Afin de réaliser mon véritable Soi, je prends refuge auprès de mon guru, afin qu'Elle répande sur moi sa grâce. Je cherche refuge aux pieds de mon guru.

iruḷ māri teḷiyānāyi (Malayalam)

iruḷ māri teḷiyānāyi itaḷ-uḷḷam viriyānāyi
iniyentinn-aruḷīṭān, kaniyēṇamē, ammē
tuṇayēkaṇē

Ô Mère, répands sur moi Ta grâce, dis-moi comment transformer en lumière l'obscurité qui m'habite et faire s'épanouir mon cœur. Je T'en prie, sois à mes côtés !

vazhiyēre alaññu-pōy, kara-kāṇātulaññu pōyi
mizhi-tūki kara-kērān, iṭayākaṇē ammē
tuṇayēkaṇē

En proie à l'angoisse, j'ai erré sur de nombreux chemins, sans jamais apercevoir le rivage. Ô Mère, guide-moi vers le rivage. Je T'en prie, sois à mes côtés !

mati-mōham vaḷarunnu, gati-vēgam kurayunnu
guṇam-ēkān nara-janmam, gatiyēkaṇē ammē
tuṇayēkaṇē

Les désirs augmentent et ralentissent mon voyage. Ô Mère, guide-moi, afin que cette naissance humaine soit comblée. Je T'en prie, sois à mes côtés !

hṛdi-vīṇayil śruticērān, para-bhaktiyil layam-ēkān
nirayēṇam mama manasē, padamēkaṇē ammē
tuṇayēkaṇē

Emplis mon cœur, Ô Mère, afin que j'accorde la vina de mon cœur et que je me fonde dans la mélodie de la dévotion suprême. Je T'en prie, sois à mes côtés !

jagadambā prēmānē (Marathi)

jagadambā prēmānē, āhē bōlāvat
āyī āpulī āhē vāṭ pahāt
antarīcyā andharācā, karuṇiyā ant
prēmadīp sarvāntarī, karunī pradīpt

jagadambā... jagadambā...

Les bras ouverts, Amma appelle tout le monde. La Mère divine vient à ses enfants, pour mettre fin à leur malheur et allumer en eux la flamme de l'amour pur.

madhur hāsya mātṛmukhī vilasat
prēm vātsalya nayanī zaḷakat
dēyunī karm, bhaktī jñānāmṛt
śikavitē sugam sādhanārīt
jagadambā... jagadambā...

Un sourire incomparable illumine son visage. Dans ses yeux brillent l'amour et la compassion pour ses enfants. En enseignant à ses dévots ce qui touche au karma, à la bhakti et à jnana (les chemins -ou yogas- de l'action, de la dévotion et de la connaissance), elle les encourage à transcender le corps et le mental.

mīpaṇ visarūnī, visāvū kavēt
visambūnī āyīvar hōvūyā niścint
nirmaḷ prēmācā anubhav ghēt
jāṇā jagadambā, nitya śōbhat
jagadambā... jagadambā...

Oublions tout et reposons dans ses bras. Abandonnant tout à ses pieds, libérons-nous de toute inquiétude. Dans cette expérience de l'amour pur, comprenons que Dieu est nôtre et que nous Lui appartenons.

nisvārtth sēvēcī kās dharat
bhakti-bhāvānē nitya māttēlā bhajat
sadā sarvāñcī, sukhaśānti cintat
dhāran karū jagadambā hṛdayāt
jagadambā... jagadambā...

Engageons-nous sur le chemin du service désintéressé et récitons le nom de la Mère divine avec dévotion. Tout en priant pour la paix et le bonheur de tous les êtres, chérissons Mère dans notre cœur.

jagatanātha (Odiya)

jagatanātha prabhū jagannātha hē
jagatanātha prabhū jagannātha

Tu es le Sauveur de l'univers, Ô Seigneur Jagannath!

patita pābana hari e bhabaru debe tāri
apalaka caka ākhi ḍākuthānti bāhu ṭeki
otharē alapa hasa dayā jara jara mukha
sabū saṅkaṭū phiṭāibē bāṭa he

Le Sauveur des malheureux nous délivrera du samsara. Les bras grands ouverts, Il nous appelle à Lui. Contemplez Son doux sourire et Son visage débordant de compassion. Il nous montrera l'issue à tous nos problèmes.

deuḷe na lāge mana chāḍi ratna siṁhāsana
rucenā chapana bhōga dhūpa dīpa bhōga rāga
bhakatara snehā ghāre ḍāka subhē bāre bāre
āsa sāī karibā misi jāta he

Il n'est pas heureux à l'intérieur du temple, ni assis sur un trône orné de pierres précieuses. Pas plus qu'Il n'apprécie les offrandes ou les rituels des pujas. Il est touché par l'amour de Ses dévots qui L'appellent : « Viens, Ô Seigneur, et célébrons ensemble cette fête. » (Rath Yatra)

bada deulū bāhāri bhakata bhiḍā re gherī
dese dese nagarare bulibe āji ṭhākure
nija racilā saṁsāre ṭaṇā hebe māyā ḍore
saja bāja helāṇi tini ratha he

Il sort du temple, entouré de dévots. Aujourd'hui, Il va parcourir le monde, tiré par les rênes de maya, dans le samsara qu'Il a Lui-même créé. Regardez, les chars (pour le Ratha Yatra) sont tous décorés et prêts à partir.

jaya jaya śankara (Kannada)

jaya jaya śankara jaya abhayaṅkara
gaja carmāmbara jaya gaṅgādhara
pāhi pāhi paramēśā
pāhi pāhi viśvēśā

Victoire à Celui qui est propice, qui dissipe la peur ; vêtu d'une peau d'éléphant, Il porte le Gange sur la tête ! Protège-moi, Ô Seigneur suprême, Seigneur de l'univers !

triśūla-dhāriyē ḍamaruga pāṇiyē
śaśidharanē paraśiva haranē
dayāmūrttiyē...
ōm śiva ōm śiva ōm śiva ōm
dayāmūrttiyē agaṇita mahimanē
vāmadēva jaya rudrēśā

Ô Être suprême, Tu tiens le trident dans une main, et le damaru (tambour) dans l'autre. Le croissant de lune orne Tes cheveux emmêlés. Ô Incarnation de la compassion, Toi qui es toujours propice. Ô Toi qui es plein de compassion, Ta gloire est incomparable. Victoire à Vamadeva (le préservateur de l'univers) à la forme terrifiante !

pāhi pāhi paramēśā
pāhi pāhi viśvēśā

Protège-moi, Ô Seigneur suprême, Seigneur de l'univers !

sumanasa vandita sundarēśanē
bēḍuvēv-anudina amarēśā
moreyanālisi...
ōm śiva ōm śiva ōm śiva ōm
moreyanālisi salahū nammanu
bhava-bhayahara hē bhīmēśā

Ta beauté est inégalable, Tu es adoré par les hommes pieux. Ô, Toi l'Immortel, je Te prie chaque jour. Ô Shiva, je T'en prie, entends mon appel sincère et protège-moi. Ô, Toi qui es puissant, Tu détruis la peur du samsara (cycle de la naissance et de la mort).

jīvitam-ennoru tuṭarkatha (Malayalam)

jīvitam-ennoru tuṭarkatha
pariṇāmattin perumkatha
tuṭakkam-eviṭe? oṭukkam-eviṭe?
piṭuttamillā-kaṭam-katha

La vie est une histoire ininterrompue, un grand conte d'évolution. Où est son commencement, où est sa fin ? C'est un mystère auquel personne n'a de réponse.

aṭutt-ariññavar-urakkey-ōti
atinde tanirūpam
'avācyam-ākum suśāntam-ākum'
atinde nijabhāvam

Ceux qui ont réalisé le Soi et qui en ont la connaissance proclament à voix haute sa véritable nature : « C'est la paix et la béatitude pures et infinies. »

bōdham... atu bōdham..

La Conscience, c'est la Conscience.

avar mozhiññu: 'manass-aṭakki
ariññu-koḷḷuka niṅgaḷ'
manass-aṭakkām-ananta-saukhyam
nukarnn-amartyata pūkām

Ils ont dit : « Calme ton esprit et connais-le bien ». Apaisons notre mental, savourons la béatitude infinie et devenons immortels.

jīvita ommē (Kannada)

jīvita ommē hindē mundē
tirugi ommē nōḍidarē
dhanyavāda ammā ninagē
dhanyavāda ammā...

Si nous regardons en arrière et considérons le parcours de notre existence, nous ne pouvons que dire du fond du cœur « Merci à Toi, Ô Amma ».

ninna neraḷigē ninna pālanegē
ninna kāruṇyakkē vātsalyakkē
hēḷalu uṇṭu nanagē – dēvī
hāḍalu uṇṭu nanagē
dhanyavāda ammā ninagē
dhanyavāda ammā…

Ô Devi, pour l'amour et l'attention que Tu nous as prodigués, pour la grâce que Tu as répandue sur nous – pour tous ces bienfaits, Amma, je ne peux dire qu'un seul mot : « Merci ».

ninna kṛpegē ninna vīkṣaṇege
ninna śikṣaṇake rakṣaṇege
hēḷalu uṇṭu nanagē – dēvī
hāḍalu uṇṭu nanagē
dhanyavāda ammā ninagē
dhanyavāda ammā

Ô Devi, pour les leçons que Tu nous as enseignées, pour le refuge et la protection que Tu nous as donnés, je ne peux dire qu'un seul mot : « Merci ».

jñāna-dīpam (Malayalam)

jñāna-dīpam teḷikkū, manassē nī
bhēda-bhāvam tyajikkū
sānandam-ambikaye, nirantaram
antarangē bhajikkyū

Ô mon esprit, allume la lampe de la sagesse et abandonne toute dualité. A chaque instant, avec béatitude, adore la Mère divine.

mānābhimānam-ellām duḥkha-pradam
nānātva-buddhi-mūlam
santatam cinta-ceyyū, itallayō
cinta-pōkkunna cinta

De la dualité naissent l'orgueil et l'ego, lesquels causent ensuite la souffrance. Garde constamment cette pensée à l'esprit ; elle effacera toutes les autres.

dēham veṭiññu dēhi pōkunnēram
mōham kalarnniṭāte
bhaktyā japicciṭēṇam, bhayāpaham
durgadurgēti mantram

Quand l'âme, libérée de l'illusion, quittera le corps, chante 'Durga, Durga' avec dévotion. Toutes les peurs seront alors dissipées.

kīzh-mēl maraññu-lōkam, satyam-innu-
nāma-mātram vicitram
lōkāśa vēṇḍa cittē, śōkam vinā
lōkēśiye ninakkyū

Le monde est sens dessus-dessous et la vérité n'est plus qu'un vain mot. Ô mon mental, renonce aux plaisirs du monde et, délivré de toute souffrance, souviens-toi de la Mère de ce monde.

kāminī-kāñcanaṅgaḷ manam kāṭṭum
māya-tan sambhramaṅgaḷ
svāntamē santyajikkū, amaratva
dhanyataye varikkū

Luxure et richesse ne sont que des projections du mental. Ô mon esprit, renonce à elles et atteins l'immortalité.

jōt jalālē rām (Hindi)

śrī rām rām rāmēti ramē rāmē manōramē
sahasra-nāma tat tulyam rāma-nāma varānanē

En chantant le nom de Rama, mon esprit se perd dans la conscience divine du Seigneur.

jōt jalālē rām kī man mēṅ
sab viṣayōṅ kē andhiyārē taj
rām rām bas rām rām bhaj
rām rām bas rām rām bhaj

Allume en toi la flamme sacrée de Rama. Renonce à l'obscurité des objets du monde. Chante simplement « Rama Rama ».

sab rōgōṅ kī auṣadh rāmā
har uljhan kī suljhan rāmā
rām rām... bōlō rām rām
rām rām... bōlō rām rām
jab bhī saṅkaṭ sē ghir jāyē
man paglē tū rām rām bhaj
rām rām bas rām rām bhaj
rām rām bas rām rām bhaj

Il est le remède à tous les maux. Chanter « Rama Rama » résout tous les problèmes. Chaque fois que tu t'abîmes dans la tristesse, Ô mental stupide, chante le nom de Rama, chante simplement « Rama Rama ».

madhur nahi kōyi gīt rām sā
nikaṭ nahīṅ kōyi mīt rāmsā
rām rām... bōlō rām rām...
rām rām... bōlō rām rām...

amrit madhumay jīvan cāhē
rām rām ras rōm rōm rac
rām rām bas rām rām bhaj
rām rām bas rām rām bhaj

Aucun chant n'est plus doux que Rama. Aucun ami n'est plus proche que Rama. Chante « Rama Rama. » Pour connaître l'immortalité dans ta vie, délecte-toi du nom de Rama jusqu'à ce que chaque atome de ton corps vibre de ce nom. Chante simplement « Rama Rama »...

rām nām bin jñān na kōyi
rām chōḍ vijñān na kōyi
rām rām... bōlō rām rām...
rām rām... bōlō rām rām...
jagati kē sab bhēd khulēṅgē
rām nām kā karlē jap tap
rām rām bas rām rām bhaj
rām rām bas rām rām bhaj

Sans le nom de Rama il n'y a pas de connaissance. Sans Rama, il n'y a pas de sagesse. Chante « Rama Rama. » Tous les secrets du monde seront révélés. Chante et médite sur le nom de Rama. Chante simplement « Ram Ram. »

rām ki mahimā yōgi gāvē
bhagat rām bhaj rām hi pāvē
rām rām... bōlō rām rām...
rām rām... bōlō rām rām...
prabh kā pāvan mandir ban jā
niś din pal pal rām nām bhajō
rām rām bas rām rām bhaj
rām rām bas rām rām bhaj

Les yogis chantent la gloire de Rama. Le dévot qui chante Rama atteint le Seigneur. Chante « Ram Ram. » Sois le temple pur du Seigneur. Chaque jour, à chaque instant, chante le nom de Rama. Chante simplement « Ram Ram. »

rām rām bōlō rām rām
rām rām bas rām rām bhaj
rām rām bas jay jay rām
rām rām bōlō rām rām

kaisā nāc nacāyā (Hindi)

kaisā nāc nacāyā... ri māyā
kaisā nāc nacāyā
khōj mēṅ sukh ki is jag mēṅ
aisē bhramaṇ karāyā... ri māyā...

Ô Maya, comme tu nous as fait danser sur ta musique. Tu nous as fait errer partout et en tous sens, cherchant le bonheur en ce monde.

hāḍ mās kē is piñjarē kō
kēval satya batāyā
maiṅ mērā kē bhāv kō tūnē
nit balavān banāyā... ri māyā

Tu nous as fait croire que cette cage d'os et de chair était l'unique réalité. Ô Maya, tu n'as pas cessé de renforcer notre notion de « moi » et du « mien. »

jab āyē duḥkh jīvan mēṅ tō
mārg galat dikhlāyā
viṣayōṅ mēṅ geharē ḍūb rē manvā
aisā pāṭh paḍhāyā - ri māyā

Quand sont apparues les souffrances, tu nous as indiqué les mauvais chemins. Tu nous as enseigné à plonger plus profondément encore dans les plaisirs du monde.

khēl tabhī yē khatam huā jab
sadguru caraṇ kō pāyā
unkī apār kṛpā sē antar
sukh aisā mainē pāyā
nit man ānand mē harṣāyā

Quand j'ai atteint les pieds du sadguru, ton jeu a pris fin. Par la grâce du guru, j'ai trouvé la béatitude intérieure et mon esprit est désormais plongé dans le bonheur éternel !

kāj karō (Hindi)

kāj karō nit jan sēvā kē
sēvā mēṅ prabhu kē darśan haiṅ
kāj karō... kāj karō...

Servez constamment autrui ; suivez la voie du service désintéressé (seva) car elle mène à la vision du Seigneur.

sēvā dil mēṅ pyār jagātī
sēvā hi bhakti janmāti
sēvā mēṅ hī gyān kā phal hai
sēvā sē miltē bhagavan haiṅ

Le dévouement aux autres éveille l'amour dans nos cœurs et pave le chemin à la dévotion. Le don de soi apporte les fruits de la sagesse. Il nous amène le Seigneur Lui-même !

sēvā se caltā jag sārā
sēvā hī prakṛti kā nārā
anathak sēvā mēṅ rat sārē
cānd sūraj sab tārāgaṇ haiṅ

Le monde entier est fondé sur le don et l'entraide. C'est le fonctionnement même de la nature. La lune, le soleil et les étoiles donnent tous inlassablement !

svārth karm sē man bandh jāyē
anagin janmōṅ mēṅ bhaṭkāyē
sēvā kāraj kā mārag hī
citta kī śuddhi kā sādhan haiṅ

Les actions égoïstes lient le mental à ce monde et causent la transmigration. Le service désintéressé est le moyen ultime de purifier le mental.

Kāḷī dēvī, mother to me (Anglais)

Kāḷī dēvī, mother to me,
Jaganmātā Bhairavī,
Show me your form.

Kāḷī Dēvī, ma Mère, Jaganmātā Bhairavī, Montre-moi Ta forme.

Within your eyes the world is created.
Out of your mouth flows the song of the Truth.
Forgotten in time, revived by the sages
down through the ages, to guide our way home,
to guide our way home.

Dans Tes yeux, le monde est créé. De Ta bouche s'écoule le chant de la Vérité, oublié au fil du temps, ranimé par les sages tout au long des âges, pour nous guider vers notre demeure, pour nous guider vers notre demeure...

Through endless lives your voice of eternity
floods in my memory, opens my mind.
Within every form, you're dancing in front of me,
silently showing the purpose of life,
the purpose of life.

Tout au long d'une suite interminable de naissances, ta voix d'éternité a empli ma mémoire, ouvert mon esprit. Dans chaque forme, Tu danses devant moi, me montrant en silence le but de l'existence, le but de l'existence.

Since timeless past we seek to find you
in distant shrines and mountain caves.
Beyond the reach of what is fated
this dream of life, your wondrous play,
your wondrous play.

Depuis des temps immémoriaux, nous Te cherchons, dans les temples lointains, dans les cavernes des montagnes. Au-delà de ce qui est écrit, ce rêve d'existence, Ton jeu merveilleux, Ton jeu merveilleux.

kāḷi kāḷi kāḷi kālasvarūpiṇi (Telugu)

kāḷi kāḷi kāḷi kālasvarūpiṇi kāḷi
kāḷi kāḷi kāḷi trilōka-janani kāḷi

Ô Kali, Tu es le Temps. Tu es la Mère des trois mondes.

trikālamulanu sṛṣṭiñcina kāḷi
kāla cakramunu naḍuputunna kāḷi
nīla kaṇṭuni ēdapai nilacina kāḷi
kālamu cellina kapālamulu dhariñcu kāḷi

Ô Kali, Tu as créé le passé, le présent et l'avenir. Tu fais tourner la roue du temps. Ô Kali, Tu te tiens sur la poitrine de Shiva au cou bleu. Tu es parée de crânes qui représentent le temps.

jagamunu mingutunna śyāmavarṇa kāḷi
śivaśaktulu ēkamai nilacivunna kāḷi
jñāna-khaḍgamu cēpaṭṭina kāḷi
triśūlamutō triguṇamāyanu cēdiñcu kāḷi

Ô Kali à la peau sombre, Tu avales le monde. Tu es une manifestation de Shiva-Shakti (l'union des énergies masculine et féminine.) Tu brandis l'épée de la connaissance. Avec Ton trident, Tu anéantis les trois gunas (sattva, rajas et tamas.)

manuṣya ahamunu tanapiḍikililō dhariñcina kāḷi
bhakti-vivēka vairāgyamulu prasādiñce kāḷi
amma ani ārtitōpilicina karuṇiñce kāḷi
tanabiḍḍalanu amṛtapadamuna nilipē kāḷi

Ô Kali, Tu tiens l'ego humain dans Ta main. Tu accordes la dévotion, le discernement et le détachement. Tu accordes Ta grâce à celui qui appelle, « Mère ! » avec dévotion. Tu répands sur Tes enfants la béatitude immortelle.

jay jay kāḷi mahākāḷi jay jay kāḷi
jay jay kāḷi kapāli kāḷi jay jay kāḷi
jay jay kāḷi bhairavi kāḷi jay jay kāḷi
jay jay kāḷi cāmuṇḍi kāḷi jay jay kāḷi

Victoire à la grande Kali, victoire à Kali parée de la guirlande de crânes. Victoire à Kali, qui inspire un effroi mêlé d'admiration. Victoire à la terrifiante Kali !

kamanīya-rūpan (Malayalam)

kamanīya-rūpanen kārmēgha-varṇṇan
karuṇāmayan-eṅgu pōyi?
karayum manassine praṇayikkum maṇivarṇṇan
karayuvān viṭṭeṅgu pōyi?

O Seigneur à la forme charmante, couleur des nuages de pluie, Seigneur compatissant, où es-Tu parti ? Le Seigneur Krishna aime le cœur qui pleure d'amour pour Lui. Où est-Il parti, nous laissant éplorés ?

ī vazhikkeṅgānen jīva-caitanyamām
kārvarṇṇan-eṅgānum kaṭannu-pōyō?
viṇṇitil ōḍi kaḷiccu rasikkumā-
nīla-mēghattōṭu ārāññavaḷ
nīla-mēghattōṭu ārāññavaḷ

Le Seigneur, aussi radieux que le nuage de pluie, la vie-même qui est en moi, est-Il passé par ici ? « Est-Il passé par ici ? » demanda Radha aux nuages bleus qui flottaient joyeusement dans le ciel.

eviṭeyō ponkāl cilambocca kēṭṭapōl
pāzhiruṭṭattu naṭannu rādha
eviṭeyō kaḷavēṇu nisvanam kēṭṭatu –
rāvinde māril tiraññu rādha
rāvinde māril tiraññu rādha

Quand Radha entendit le tintement des bracelets de cheville, elle sortit dans l'obscurité. Elle perçut le son mélodieux de la flûte et chercha son Seigneur au cœur de la nuit.

mādhava-mānasa mōhananē śrīdhara kēśava yādavanē
pāvana nīla-kaḷēbaranē gōkula-nāyaka pāhi harē

Ô Madhava (époux de Mahalakshmi,) Tu es la beauté qui réside dans mon cœur. Ô Sridhara (Celui qui est incommensurablement propice,) Ô Keshava (Celui qui a tué le démon Keshi), Ô Yadavane (de la lignée des Yadus) ! Ô Être divin au corps bleu rayonnant, Seigneur de Gokula, je prends refuge en Toi.

murivēttu nīrunna pēlava mānasam
kaṇṇande nāmattil ūnni ninnu
tannātma-nāthane cinticcu cinticcu
kaṇṇunīr-āzhiyil muṅgi ninnu
kaṇṇunīr-āzhiyil muṅgi ninnu

Le cœur tendre, blessé par l'amour de Krishna, s'est agrippé fermement au Seigneur en se souvenant constamment de Son nom. En pensant intensément au Seigneur de son âme, Radha a versé des torrents de larmes.

tāraṅgaḷ mānattu tīrttorā pūttālam
tāmara-poykayil nōkki nilkke
mānasa-poykayil tāmara-kaṇṇande
malaraṭi-rādha teḷiññu-kaṇḍu
malaraṭi-rādha teḷiññu-kaṇḍu

Dans le lac aux fleurs de lotus, Radha a contemplé le reflet des étoiles. Dans le lac de son cœur sont apparus clairement les pieds sacrés de son Seigneur aux doux yeux de lotus.

kaṇā kaṇā (Marathi)

kaṇā kaṇā madhē kṛṣṇ kanhaiyyā rōm rōmāt rām rē
kṣaṇōkṣaṇi jīvan dēyi tō nij sarvānca saṅgi rē

Dans tout cet univers, Tu (Sri Krishna, Sri Rama) es l'éternel compagnon.

śruti sāṅgatē saccidānand tō sarvāntaryāmi rē
svayamprakāś tū sarvātmā rē nij paramātmā tūca rē
sarv-vyāpt tū...
sarv-vyāpt tū dēhaśrōtrādi pañcēndriyādi pār rē
avyakt hi tū nirākār rē tūhi kṛṣṇ rām rē
bōlā rām rām rām sītā rām rām rām
bōlā śyām śyām śyām rādhē śyām śyām śyām

Les Écritures révèlent que tu es Brahman (être-conscience-béatitude), et aussi l'âme inhérente à tout ce qui existe. Tu es aussi le Soi de toute chose, qui brille par lui-même, le Soi suprême omniprésent, au-delà de toute expérience, non-manifesté et dépourvu de toute forme. Tu es Krishna, Tu es Rama.

tujhē svarūp asē divya he vṛthā vyathita bhrānt rē
nāhi agamya ēkhi sādhan kēvaḷ guru upadēś rē
nityaśuddh tū...
nityaśuddh tū buddh mukt hi sarv-sākṣi paramārtha rē
jīvansār hēca satya rē tūhi kṛṣṇ rām rē
bōlā rām rām rām sītā rām rām rām
bōlā śyām śyām śyām rādhē śyām śyām śyām

Bien que ta vraie nature soit divine, tu es dans l'illusion et l'agitation. L'enseignement du guru est le seul moyen d'en prendre conscience. Tu es éternel, pur, omniscient, le Témoin, libre de tout éternité, la Vérité suprême. Ceci est l'essence de la vie, c'est Krishna, c'est Rama.

kaṇṇā nin vēṇu (Malayalam)

kaṇṇā nin vēṇu-gānāmṛta-lahariyil
rādhayāyīṭunnu en hṛdantam
nī vannu pāṭi uṇartti-en mānasam
vṛndāvanikayāy pūv-aṇiññu

Ô Krishna, enivré par la mélodie de Ta flûte, mon cœur a pris la forme de Radha. Tu as éveillé mon cœur avec Ton chant et il a fleuri à l'image des jardins de Vrindavan.

oru nūru puṣpa-vṛndaṅgaḷ viṭarunnu
oru nūru paiṅkiḷi pāṭiṭunnu
oru prēma-yamuna-en uḷḷil-ozhukunnu
gōpikamār nṛttam-āṭiṭunnu kaṇṇā
kaṇṇā

Les fleurs s'épanouissent par milliers, et des centaines de petits oiseaux chantent. La rivière Yamuna est devenue une rivière d'amour en moi et les gopis dansent, Ô Krishna.

paikkaḷ karayunnu ānanda-lahariyil
gōkulam-ākunnu bhū-maṇḍalam
pāṭi aṇayunnu manda-samīranum
pāṭunnu nin prēma-vēṇu-gānam, kaṇṇā

Les vaches appellent, ivres de béatitude. La terre entière est devenue Gokul (où Krishna a passé son enfance). La douce brise se réjouit également, reprenant la mélodie de Ton amour, jaillie de Ta flûte.

sarva carācaram ninnil-āmagnarāy
ēkātma saṅgīta-dhārayāy
nityamām ānanda-svara-rāga-dhārayil
ñān tanne enne marannitatte
kaṇṇā

Tous les êtres, conscients et non-conscients, sont absorbés en Toi, et s'unissent jusqu'à ne plus faire qu'Un dans le flot de Ta musique. Puissé-je m'oublier pour toujours dans la bienheureuse mélodie qui s'écoule de Ta flûte !

kaṇṇan-en cārattu (Malayalam)

kaṇṇan-en cāratt-aṇaññiṭumbōḷ
ñān-oru rādhayāy cērnnu nilkkum
kaṇṇan muraḷika-ūtiṭumbōḷ
gōpikayāyi ñān nṛttam-āṭum

Quand Kannan viendra, je me tiendrai près de Lui, comme Radha. Quand Il jouera de sa flûte, je danserai telle une gopi.

kaṇṇā kaṇṇā gōpakumārā
muraḷilōlā rāgavilōlā

Ô Kanna, jeune vacher, joueur de flûte, Tu es tout amour !

kāḷindi tīrattu kaṇṇanumāy
gōkkaḷe mēccu rasicciṭum ñān
kaṇṇan maraññu kaḷaññiṭumbōḷ
kaṇṇunīr tūki ñān kāttirikkum

Avec Kannan, le cœur en joie, j'emmènerai paître les vaches sur les berges de la rivière Kalindi. Puis, quand Kannan disparaîtra, j'attendrai Son retour et verserai des larmes.

kaṇṇande-āgamam vaikiyennāl
uṇṇāt-uraṅgāt-uzhanniṭum ñān
kaṇṇan-ennuḷḷil viḷaṅgi-ennāl
kaṇṇanum ñānum abhinnarallō

Si Kannan tarde à venir, dans mon désarroi, je renoncerai à manger et à dormir. Lorsque Kanna resplendira en moi, Kannan et moi ne ferons plus qu'Un.

kaṇṇirkkaṭalin karayil (Malayalam)

kaṇṇir-kkaṭalin karayil viriññoru
puñcirippūvu nī ammē
kāṇān koticc-alayunnū – naṣṭa
nāvikanāyi ñān ninne

Ô Mère, Tu es une fleur souriante qui s'épanouit sur le rivage de l'océan de mes larmes. Languissant de Te voir, je suis comme un marin égaré, qui erre sur l'océan.

ninn-ōrmma-ēkiṭum harṣam – onnē
ī janma vēnalil varṣam
en kayyil ninnum niyati – atu
taṭṭi-eṭukkān viṭallē

Le bonheur de penser à Toi est une pluie rafraîchissante dans l'été brûlant de ma vie. Je T'en prie, ne laisse pas le destin me voler ce bienfait.

nirmala bhaktikku mātram – kēzhum
ennuḍe sādhu cittattil
nīḷum nirāśā nizhal nīkkaṇē – nin
kṛpākānti cintum kaṭākṣam

Mon esprit affligé n'aspire qu'à la pure dévotion. Je T'en prie, par Ton regard rayonnant de grâce, efface les ombres ténébreuses du désespoir.

kūriruḷ peyyunnu vānam – cuttum
cīrum koṭuṅkātt-apāram
dūreyāy kāṇmū ñān dēvī – nin
kōṭīratāram pozhikkum prakāśam

Le ciel ne déverse qu'obscurité et les ouragans font rage autour de moi. Ô Dévi, au loin, les étoiles replendisssantes de Ta couronne brillent et me guident.

karaḷ niraññu (Malayalam)

karaḷ niraññu mizhi niraññu
mozhi marannu ninnu ñān
pūnilāvin prabha coriññu
munnil nī vann-aṇayavē

Quand Tu es apparue devant moi, aussi rayonnante que la pleine lune, je suis resté muet d'admiration, le cœur rempli de joie et les yeux débordant de larmes.

kaṇḍu nin tū-mandahāsam
iruḷ-akannu pulariyāy
pāḍi pūṅkuyil praṇaya
madhura sāndra gītakam
hima-kaṇaṅgaḷ peytiraṅgi
hṛdaya-sarayū tīravum
nanavariññu mṛdulamāy
viṭarnnu pūvitaḷukaḷ

Devant Ton beau et doux sourire, l'obscurité cède la place à la lumière. Ô, Être éternel, l'oiseau chanteur conte la douceur de Ton amour. Des gouttes de rosée baignent les rives de mon cœur, et des fleurs s'épanouissent doucement dans Ton sillage.

sirakaḷ nirayum prēma-bhakti
lahariyāy paṭarnniṭum
dhārayūrnnu dhanyamāy
nityam-uḷḷil nirayū nī
amṛtamāyī puṇya-janmam
ninnil-onnu cēruvān
ātmabōdha niravilūṭe
svayam-ariññu uṇarnniṭān

De délicieuses vagues d'amour et de dévotion emplissent tout mon être, et mon existence est à jamais bénie. Puisse ma vie se fondre en Toi et devenir immortelle. Puissé-je m'éveiller à mon Soi et m'établir dans la connaissance du Soi.

ammē... ammē... ammē... ammē

kar-lē dhyān tu bandē (Hindi)

kar-lē dhyān tu bandē
kar-lē dhyān tu bandē

Ô Homme ! Médite.

kyōṅ bhaṭakē tū, bāhar bāhar
jō tu ḍhūṇḍē vō hai andar
viṣayōṅ kē pīchē, kyōṅ tu bhāgē
jag mē tēra kuch na lāgē

Pourquoi cherches-tu des objets à l'extérieur ? Ce que tu recherches est en toi. Pourquoi cours-tu après les vishayas (objets des sens) ? Rien, en ce monde, ne t'appartient.

manō-buddhi-ahaṅkār dēha tū nahīṅ
svapna tū nahīṅ, jāgrat tū nahīṅ
tū hai ātma, jān lē ab tō
saccidānanda hai, mān lē ab tō

Tu n'es ni le mental ni le corps, ni l'ego ni les sens. Tu n'es ni l'état de rêve ni l'état d'éveil. Tu es l'atma. Sache-le maintenant et réalise que tu es Satchidananda.

yē sansār haiṅ, adbhut māyā
sac bhi jhūṭh bhī, jaisē chāyā
jō sadguru ki, śaraṇ mēṅ āyē
māyā uskō, pakaḍ na pāyē

Ce monde est une extraordinaire maya (illusion), à la fois fausse et vraie, comme l'ombre. Mais maya ne peut pas attraper dans ses filets celui qui prend refuge dans le guru.

sōham... śivōham
sōham... śivōham
tattvamasi... śivam advaitam

Je suis Cela... je suis Shiva. Tu es Cela... Un avec Shiva.

kārmukil varṇṇande līlakaḷ (Malayalam)

kārmukil varṇṇande līlakaḷ-ōrōnnum
cintayil varṇam vitariṭunnu
cārutayārnnorā mandasmitam ende
antaraṅgattinnu harṣōtsavam

Les jeux divins de mon Seigneur, qui a la couleur d'un sombre nuage de pluie, teintent mes pensées de couleurs merveilleuses. Mon esprit bondit de joie au souvenir de Son sourire à la beauté radieuse.

kuyilinde kūjanam kēḷkkumbōḷ-ōrkkum ñān
gōpakumārande vēṇu-nādam
kārmukil mānam nirayumbōḷ – kāroḷi
varṇande sānnidhyamāya pōle

Le chant du rossignol me rappelle les mélodies s'échappant de la flûte du jeune pâtre. Quand de sombres nuages de pluie recouvrent le ciel, je sens la présence de mon Seigneur au teint sombre.

maṇṇu-vāri-ttinna kaṇṇane-ōrttu pōm
muttattu piñcu-paitaṅgaḷ ninnāl
paikkaḷā muttatu-mēññu naṭakkumbōḷ
ōrttiṭum gōpāla-bālanē ñān

Lorsque je vois de petits enfants jouer dans le jardin, je me remémore le jeune Krishna qui mangeait de la terre. Je me souviens de mon jeune vacher lorsque les vaches paissent devant ma maison .

kuññuṅgaḷ kūṭi kaḷikkumbōḷ-ōrttiṭum
vṛndāvanattile līlakaḷ ñān
prēma-gānaṅgaḷ-en karṇṇattil-ettumbōḷ

rādha-tan prēmatte-ōrttu pōkum

Je me rappelle les jeux divins de Vrindavan quand de petits enfants jouent ensemble. Lorsque j'entends des chansons d'amour, je me souviens de l'amour suprême de Radha pour Krishna.

nāmam japiccitām nanmakaḷ ceytitām
kaṇṇande gōpanmārāyi mārām
vṛndāvanattile līlakaḷ-ōrttōrttu
kṛṣṇanil līnarāyi tīrnnu pōkām

Nous chanterons Son nom, nous ferons de bonnes actions, et deviendrons les gopas de Kanna. En nous souvenant des lilas de Vrindavan, nous finirons par nous fondre en Krishna.

kārtikēya subrahmaṇya (Telugu)

kārtikēya subrahmaṇya murugaiyyā
skanda-tēja śaravaṇa-bhava daṇḍa-pāṇī

Ô Seigneur Kartikeya, Subrahmanya, Muruga (noms de Muruga) ! Ô Saravanabhava. Ta forme radieuse tient une lance.

kuṇḍalinī kadaliñcu vallināthā
indriyamulanu sāsiñcu dēva-sēnāpatē
nēnevarō... nēnevarō...
nēnevarō nēnevarō bōdhiñcu guruguha
ārudiśala caitanya-mūrtti ṣaṇmukha

Seigneur de Valli, Tu éveilles en nous le pouvoir yogique de la kundalini. Seigneur de l'armée des devas, Tu contrôles les organes des sens. Tu es Guruguha, qui réside profondément en nous et nous enseigne la connaissance du « qui suis-je » ? Ô Seigneur aux six visages, Tu es l'incarnation de la conscience omniprésente.

śaravaṇabhava śaravaṇabhava śaraṇabhava ōm
śaravaṇabhava śaravaṇabhava śaraṇabhava ōm

Ô Seigneur Saravanabhava !

śivaśaktyaikya-rūpa kumāra-svāmi
vākpaṭhimaniccu gaṇēśa-sōdara
mōhana-sundarā... mōhana-sundarā...
mayūra-vāhanācarā mōhanasundarā
tārakāsura samhāra śūladhāri

Tu as la forme d'un enfant et Tu as la forme de l'union de Shiva et Shakti. Tu es le frère de Ganesh ; Tu te manifestes en nous comme le pouvoir de la parole. Ta forme superbe et enchanteresse voyage sur un paon et Tu portes la lance qui a tué le démon Tarakasura.

karuṇayinda (Kannada)

karuṇayinda ā kaṇgaḷu nōḍitu
tumbi tuḷukitu dayāsāgara
ālaṅgisidaḷu prati kaṇa kaṇa
tanna bāhugaḷalli ettikkoṇḍu
ā divya sparśavu nīḍitu niratiśaya ānanda

Ces yeux m'ont regardé avec compassion. L'océan de compassion a débordé ; Elle m'a pris dans Ses bras, étreignant chacune de mes cellules, et cette caresse divine m'a plongé dans une incomparable béatitude.

cētanagoṇḍitu jīva ā kṣaṇavu
dik bhramevāyitu manasu
hṛdaya araḷitu ā kṣaṇavu
prapañcada ākarṣaṇe hōyitu

Mon âme était revivifiée, mon esprit était sidéré ; mon cœur s'est épanoui et tous les attraits du monde se sont évanouis.

jaya jaya paramēśvari paramārttha
jaya jaya paramēśvari paramārttha

ā prēmadalli ellā ondāyitu
ammā… ammā… ammā…
ā prēmadalli ellā ondāyitu ā kṣaṇavu
ellā śabdagaḷu niśśabdavāyitu
ellā śabdagaḷu niśśabdavāyitu
svarga sukhagaḷu tuccha eṇisitu
ellavu śūnya eṇisitu ā kṣaṇavu

Dans cet amour, tout est devenu Un. Tous les sons ont cessé. Des plaisirs jusque-là merveilleux sont devenus méprisables, tout est devenu vide.

ātmakke amṛta sikkidantāyitu
ammā… ammā… ammā…
ellā tīrtthakṣētra puṇya sikkitu
jīvitadalli divyatvavu mūḍitu
jñāna hṛdayadalli udayavāyitu

Alors, mon âme s'est remplie de nectar, et j'ai reçu en un instant les mérites d'avoir visité tous les lieux sacrés. A ce moment-là, le Sacré est entré dans ma vie et l'aube de la sagesse s'est levée dans mon cœur.

kṛṣṇaghanā rē (Marathi)

kṛṣṇaghanā rē kṛṣṇaghanā
bhijavaśīla kā rē mājhyā manā
kṛṣṇaghanā rē kṛṣṇaghanā…

Ô beau et sombre nuage, ne daigneras-tu pas inonder mon esprit ?

śubhra śubhra ḍhagāñcyā āḍūna
ēk kṛṣṇa ghana disatō madhūna
hasatō divya tyā śalākātūna
jagadambāca disatē maza tyātūna

Parmi une multitude de nuages blancs, un nuage sombre éclate de rire, déchiré par un éclair divin, et je vois la Mère divine sourire à travers lui.

āī bhavānī jaya jagadambē
dēvi śivānī śāradā vandē

Victoire à Mère Bhavani, la Mère de l'univers ! Prosternations devant la Déesse Shivani (compagne du Seigneur Shiva) et Sharada (Déesse de l'Apprentissage) !

kitī disāncā mī tahānalēlā
ēkāki jīva kāsāvīsa zhālā
tvarā yēūna tava jaladhārātūna
karaśīla kā āī amṛt siñcana

Cet enfant solitaire est depuis si longtemps assoiffé et inquiet. Ô Mère, ne viendras-Tu pas ? Ne viendras-Tu pas répandre sur moi le nectar de l'immortalité ?

udāsa ritē hē māzhē mana
dēṇāra mī kōṇa kōṭhūna
akṣaya tujhyā prēm pātrātūna
dēśīla kā āī tū bharūna

Mon cœur est triste et vide. Que pourrais-je donner à quiconque ? Ô Mère, daigneras-Tu remplir mon cœur à la fontaine inépuisable de Ton amour ?

kuṭilam-ākum (Malayalam)

kuṭilam-ākum-adharmam perukavē
koṭiya-pātakam-eṅgum vaḷaravē
janani! nī vannu dharmam pularttuvān
avani dhanyayāy ammē! jaganmayī!
avani dhanyayāy ammē! jaganmayī!

L'injustice prospère, les péchés et les mauvaises actions se multiplient. Ô Amma, Tu es venue restaurer le dharma et le monde est béni par Ta présence.

uriyāṭiyilla onnu nī pāvanī
dharayil janmam-eṭuttoru vēḷayil
'karayānuḷḷat-allī martya-jīvitam'
itu nī maunamāy mantriccat-āvumō?

Ô Être saint, au moment de Ta naissance, Tu es restée silencieuse. « La vie humaine ne doit pas être passée à pleurer. » Etait-ce le message contenu dans Ton silence ?

pavanane-ppōle ellām puṇarunnu
patitarkk-āśvāsam-ekunnu dēvī nī
parama-prēmam nirlōbham vitarunnu
paricōṭuṇmaye bōdhippiccīṭunnu

Telle une douce brise, Tu enveloppes chacun de Tes bras. Ô, Déesse, Tu consoles et relèves les malheureux. Tu répands les fleurs de l'amour suprême et Tu montres à tous la vérité suprême.

sakala-vēdānta-sāram nī sanmayi!
amalē sañcita-puṇyam nin darśanam
iniyoru nūru janmam kazhiññālum
ivanor-ālambam nīyamba niścayam!

Ô pure existence, Tu es l'Essence de tous les Védas. Ô Être pur, c'est seulement grâce à des mérites acquis lors de vies passées que l'on peut recevoir Ton darshan. Même si je dois vivre encore cent autres vies, Ô Mère, Tu seras mon unique refuge et ma seule force.

lūtayil ninnu (Malayalam)

lūtayil ninnu nūl-enna-pōle
vēdiyil ninnu porikaḷ-pōle
ētoru jyōtirmayiyil ninnum
jātamāy kāṇum prapañcam-ellām

Comme la toile tissée par l'araignée, comme les étincelles émanant du foyer sacré, cet univers manifesté n'est qu'une forme glorieuse de Toi.

ariyunnōrkk-uḷḷilum ariyāttōrkk-uḷḷilum
arivāy viḷaṅgunna caitanyamē
karayatta-bhaktiyāl maramārum hṛdayattil
niravārnna-kāntiyāy viriyunnu nī

Tu es pure Conscience, Tu brilles en tant que connaissance chez le sage comme chez l'ignorant. Dans les cœurs qui Te prient avec une dévotion pure, Tu soulèves le voile de l'ignorance et révèles Ton enchanteresse et inégalable beauté.

padamūnni nilkkuvān paṇipeṭṭ-izhayunna
śiśuvākum enne nī kāṇunnillē

karamonnu nīṭṭumō tuṇayenikk-ēkumō
kanivōṭu nīyonn-uyarttiṭumō?

Ne vois-Tu pas cet enfant impuissant ramper et lutter pour se mettre debout ? Ne tendras-Tu pas les mains pour m'aider ? Sois miséricordieuse et viens me relever !

māḍī tārī (Gujarati)

māḍī tārī nāknī nath
manē gamtī rē, ōhō
manē gamtī rē –
tējē tēnā caḷkē lōk

Ô Mère, j'aime Ton beau visage. Je désire le voir encore et encore.

ō tārā… ō tārā… ō tārā…
ō tārā kapāḷnō cāndalō
manē gamtō rē, ōhō
manē gamtō rē - tē tō
mārē cāndnē sūraj

Ô Mère, j'aime le bindi sur Ton front. Il est pour moi comme la lune et le soleil.

māḍī tāruṅ mukhaḍuṅ rē
manē gamtuṅ rē, ōhō
manē gamtuṅ rē - hūṅ tō
jāu vārī vārī mā

Ô Mère, j'aime Ton anneau de nez dont l'éclat illumine tous les mondes.

kē tārī... kē tārī... kē tārī...
kē tārī kalāīnā maṇkā
manē gamtā rē ōhō
manē gamtā rē - raṇkē
haiyāmā tē mārā

Ô Mère, j'aime les bracelets à Tes poignets. Je sens leur musique résonner dans mon cœur.

tārī – sāḍīnō pālav
manē gamtō rē, ōhō
manē gamtō rē – lūchē
āṅsu duḥkhīyānā

Ô Mère, j'aime la poussière de Tes pieds, qui nous fait traverser l'océan de la souffrance.

kētārā... kētārā... kētārā...
kētārā pagnī pāyal
manē gamtī rē ōhō
manē gamtī rē - nācē
sahuṅ tēnā jhaṅkār mā

Ô Mère, j'aime le bord de Ton sari, qui essuie les larmes des malheureux.

mā tārā caraṇīraj
manē gamtī rē ōhō
manē gamtī rē – layī
jāyi bhavpār mā

Ô Mère, j'aime les bracelets de cheville à Tes pieds, au doux tintement desquels tout le monde danse.

maiyyājī huṇ mērā (Punjabi)

maiyyājī huṇ mērā bēḍā pār
tusāṅ hī lagāṇā
nayī calaṇā nayī calaṇā
nayī calaṇā kōī bahānā

Ô Mère, Tu dois me faire traverser l'océan du samsara. Aucune distraction, rien ni aucune excuse ne fonctionnera cette fois-ci.

janam janam rēyā mē viṣayā dā kīḍā
raj raj pōgē phervī milayā pīḍā
huṇ pujyā terē dar tē mā
nayī jāṇā nayī jāṇā
mē khālī hath nayī jāṇā

Au cours de tant de vies, j'ai vécu comme un vulgaire ver de terre, immergé dans les objets des sens. Céder aux plaisirs des sens ne m'a apporté que la souffrance. Je suis finalement arrivé à Ta porte. Je ne partirai pas. Cette fois, je ne partirai pas les mains vides.

maiyyājī huṇ mērā
bēḍā pār
tusāṅ hī lagāṇā

Ô Mère, Tu dois me faire traverser l'océan du samsara.

garab dē andar sī hardam kaiṅdā
aithō bār kadōṅ mainu mintā sī kardā
pher māyā nē mainu kēr lēyā
mā chaḍānā mā chaḍānā
es māyā tō chaḍānā

Dans le ventre maternel, je T'ai chaque fois suppliée de m'en délivrer. Ensuite (après la naissance) Maya me réduisait en esclavage. Mère, sauve-moi, Mère sauve-moi. Sauve-moi de Maya !

ō maiyyā kar dē bēḍā pār
mērā kar dē bēḍā pār

Ô Mère, Tu dois me faire traverser l'océan du samsara.

mākhan cōr (Hindi)

mākhan cōr pyārē, nand kiśōrē
ḍōr ye dil kī khīṅcē tērī ōr
hō ḍhūṇḍē gōpiyāṅ tujhkō
hō ḍhūṇḍē rādhā tujhkō
bīt gayī rāt sārī hō gayī bhōr

Voleur de beurre chéri, mon cœur est attiré vers Toi. Radha et les gopis Te cherchent. La nuit est passée et l'aube est venue.

harē kṛṣṇā harē kṛṣṇā
harē kṛṣṇā harē kṛṣṇā

Gloire à Krishna !

mākhan rakhā hai hamnē, tumhārē liyē
ēk hī prārtthanā hai, man hī man mēṅ
cūrālō tum sārā mākhan
yē mākhan hai hamārā man
man kō kar diyā hamnē, tujhe arpaṇ
har pal kartē haiṅ kānhā, tērā smaraṇ

Nous avons gardé du beurre pour Toi. Que Tu le voles entièrement, telle est notre unique prière. Ce beurre n'est autre que nos cœurs, que nous T'avons abandonnés. A chaque instant, Ô Krishna, nous pensons à Toi.

yamūnā taṭ par āō, hamārē liyē
ham kō nehlā dō tum, divya prēm sē
zarā muraḷī bajā dēnā
ō thōḍī rās racā lēnā
tērē caraṇōṅ mēṅ hō jāyē dhanya jīvan
jīv aur parmātmā kā, hō milan

Viens à nous, au bord de la rivière Yamuna. Baigne-nous dans Ton amour divin en jouant de Ta flûte ! Joue la rasa divine (danse divine de Krishna) ! Puissent nos vies prendre sens et valeur à Tes pieds. Puisse l'individuel s'unir au Suprême.

manasā cēyavē (Telugu)

manasā... cēyavē... smaraṇa... ammanu
manasā cēyi samaraṇa ammanu
samaraṇa cēyi manasā

Ô mon esprit, souviens-toi toujours de la Mère divine.

dēha-śuddhatā vāk-śuddhatā
manaḥ-śuddhatā kāvālanṭē

Pour acquérir la pureté du corps, des paroles et des pensées, souviens-toi toujours de la Mère divine.

rāga-dvēṣamu kāma-krōdhamu
sukha-duḥkhamu dāṭālanṭē

Pour dépasser les attirances et les aversions, les désirs, la colère, le bonheur et la souffrance, souviens-toi toujours de la Mère divine.

manaḥ-śāntiyu sama-dṛṣṭiyu
buddhi-śuddhiyu kāvālaṇṭē

Pour obtenir la paix et la pureté de l'esprit, et l'équanimité, souviens-toi toujours de la Mère divine.

manasigē kaccikoḷuva āse (Kannada)

manasigē kaccikoḷuva āse
manasigē haccikoḷuva āse
atu itu endu itu atu endu
viṣayagaḷali kaḷedu hōgi
mithyege jōtu bīḷuva āse

Le mental aime goûter à tout. Le mental aime s'attacher à tout. Le mental aime courir après ceci ou cela, et se perdre dans le monde. Le mental veut s'accrocher à l'illusion.

manasē kāraṇa bandhanakū – ī
manasē kāraṇa namma mōkṣaprāptigū

Le mental est la cause à la fois des attachements et de la libération.

kaṇḍakaṇḍa tiṇḍigaḷanu tinnuva āse
nenṭabanṭarige anṭi koḷḷuva āse

Le mental aime dévorer tout ce qu'il voit et s'attacher à toutes les relations humaines.

keṭṭanenapanu melaku hākuva āse
rāga-dvēṣagaḷali kāla kaḷeyuva āse

Le mental aime ruminer l'herbe des mauvais souvenirs et gaspiller son temps, focalisé sur les attirances et les aversions.

manasigē satyasaṅga nīḍu
manasanu tattvajote māḍu
manasē, mananava nī māḍu
amṛtānandamaya nīnāgu

Donne au mental la Vérité pour compagne. Fais des nobles principes les compagnons du mental. Ô mon mental, engage-toi dans la contemplation et deviens la béatitude même de l'immortalité.

mānava janmavu (Kannada)

mānava janmavu mahatvadembuvā
satyavanaritukō hē manujā
mana bandantē naḍeyuta mereyuta
janmava vyartthava goḷisadiru

La naissance humaine est de la plus haute importance. Ne la gâche pas en caprices et en lubies. Ô Homme, réalise cette vérité.

dēhave rathavu manavē lagāmu
gyānēndriyagaḷe pañcāśvagaḷu
buddhiyē sārathi nī yajamāna
gyānadi ratha sanmārgadi sāgaḷi

Ton corps est comme un char, dont ton esprit est les rênes. Tes cinq organes de connaissance sont les cinq chevaux qui le tirent. Ton intellect en est l'aurige et tu en es le propriétaire. Grâce à la connaissance du Soi, dirige le char vers le bon chemin.

parōpakāra dīnarasēvē
phalāpēkṣē illada karmagaḷā
gayyuta kṛṣṇana manadali smarisi
upāsisavana mahimeya pogaḷu

Aide les pauvres et les nécessiteux. Accomplis de bonnes actions sans nourrir d'attente (Karma Yoga.) Fixe ton esprit sur Krishna et chante Sa gloire.

yādavēndrana yadukula nandagōpana
yatijana prēma kṛṣṇana
yaśōda kandana nenē – hari hari

Souviens-toi toujours du Roi du clan des Yadavas, le Fils suprême de la dynastie Yadava. Le Seigneur Krishna, cher aux sages, Hari, le fils de Yashoda !

maṇi-māṇiku (Hindi)

maṇi-māṇiku yut svarṇa-kirīṭini
śūl rathāṅg gadādhanu dhāriṇi
śārad cānd sī jyōti bikhērti
nācti viśva-racāvani cētani

Elle porte une couronne en or incrustée de pierres précieuses, et tient le trident et la massue. Elle répand la lumière comme la lune d'automne. Sa danse crée l'univers. Elle est l'incarnation de la pure Conscience.

māt bhavāni simha-vāhani tīn lōk jananī
pāhi mahēśī pāpa-nāśinī tūhi duḥkh-haraṇī

Mère Bhavani, qui chevauche un lion, Mère des trois mondes, destructrice de tous les péchés et de toutes les souffrances, protège-nous.

jay mā... jay mā... jay mā... jay mā...
jay mā... jay mā... jay mā... jay mā...

Victoire à Mère !

vidhimādhav gaurīś sarīkhē
sur-gaṇ-sārē śīṣ jhukhātē
has kē jab mahiṣāsur sirpē
nartan kartī māt bhavāni

Vénérée par Brahma, Vishnu et Shiva, adorée par les dieux, Elle exécute la danse de la destruction du démon Mahishasura (l'ego.)

sumirē mā sab satguṇ-śālini
jagdhātri jaya jag uddhāriṇi
duḥkh durit miṭ jāyē janani
jīvan jyōti jagē jan janmē

Nous méditons sur l'incarnation de la Vérité, Mère et sauveuse de l'univers. Par Ta grâce, toutes les souffrances disparaissent et la flamme de la béatitude s'allume dans tous les cœurs.

manidā manidā (Tamil)

manidā manidā nī mayankāde
punidattai puriyāmal uzhalāte
unnil nī yārenḍru arivāyē
unnuḷḷē uṇmayai uṇarvāyē

Ô Homme, la vie est sacrée. Ne gaspille pas ton temps, en proie à l'illusion. Utilise le temps qui t'est donné pour réaliser Dieu. Connais ton Soi. Réalise la Vérité qui demeure en toi.

tavarizhaikka nēriḍunkāl iḍarāmal
tavamunikaḷ vazhankiṭṭa vēdāntam
karuttālē tannaiyē uṇarndiṭṭāḷ
karuttāgum vāzhvē punidamāgumē

Ne te laisse pas déconcerter par les circonstances Souviens-toi des vérités énoncées par les sages dans les Védas. Si tu réalises le Soi, ta vie sera bénie.

māsadanai uḷḷamadil sērttiḍāmal
vēṣamadanai eḷitāka kaḷaindiḍalām
oḷirum siru dīpamalla kadiroḷiyē
ōmkāra pēruṇarvil kalandiḍuvāyē

Si tu ne laisses pas les impuretés polluer ton esprit, tu pourras aisément te libérer de l'identification au corps. Tu n'es pas une simple chandelle qu'il faut allumer pour qu'elle éclaire. Tu es le soleil qui brille par lui-même. Plonge-toi dans la conscience divine de Om.

veyil tāngi nizhaltarum maramāgi
mayakkattai teḷivikkum marundāki
iyarkkayil onḍriḍu arpaṇamāga
irai ninaivil niraindiḍu pūraṇamāga

Un arbre t'offre son ombre protectrice, un remède dissipe ta torpeur ; abandonne-toi de même à Dieu pour ne plus faire qu'Un avec la Nature. Trouve la plénitude dans le souvenir constant de Dieu.

maṇṇaiyaḷakka (Tamil)

maṇṇai aḷakka pōnāyō kaṇṇā kaṇṇā
viṇṇai aḷakka pōnāyō kaṇṇā kaṇṇā
veṇṇai tiruḍa pōnāyō kaṇṇā kaṇṇā – nī
ennai tiruḍa varuvāyō kaṇṇā kaṇṇā – nī
ai tiruḍa varuvāyō kaṇṇā kaṇṇā

Ô Kanna, es-Tu parti arpenter la surface de la terre ? Ou bien es-Tu parti mesurer le ciel ? Ou encore, es-Tu allé voler du beurre ? Kanna, ne viendras-Tu donc pas dérober mon cœur ?

yaśōdaitān aḍittāḷō uralil kaṭṭi pōṭṭāḷō
arayil pūṭṭi vaittāḷō kaṇṇā kaṇṇā
maraikkum eṭṭā-poruḷ allavā kaṇṇā kaṇṇā – nī
maraikkum eṭṭā-poruḷ allavā kaṇṇā kaṇṇā

Ô Kanna, Mère Yashoda T'a-t-elle corrigé ? T'a-t-elle enfermé ? Attaché à un pilier ? Mais, Kanna, ne transcendes-Tu pas les Écritures ?

dēvargaḷum pōttriḍavē yōgiyarum vāzhttiḍavē
rāsalīlai āḍuvadil kaṇṇā kaṇṇā
pāsattinai marandāyō kaṇṇā kaṇṇā – endan
pāsattinai marandāyō kaṇṇā kaṇṇā

Ô Kanna, absorbé par les chants des devas et les louanges des yogis, pris dans la danse de la rasa lila, as-Tu oublié mon amour?

uṇmaiyāna anbu manam urugiḍumē pirivinilē
uṇmaiyinai kaṇḍariya kaṇṇā kaṇṇā
oḷindirundu pārkkirāyō kaṇṇā kaṇṇā – ennai
oḷindirundu pārkkirāyō kaṇṇā kaṇṇā

Ô Kanna, les affres de la séparation peuvent faire fondre un cœur pur et aimant. Es-Tu caché quelque part, à m'observer afin de découvrir si cela est vrai ? Es-Tu caché là, à m'observer, afin de le vérifier ?

hē giridhāri kṛṣṇa murāri rādhikā ramaṇā
hē vanamāli kuñjavihāri mōhana vadanā
rādhe rādhe rādhe rādhe rādhe kṛṣṇa
rādhe rādhe rādhe rādhe rādhe kṛṣṇa

manōdarppaṇattil (Malayalam)

manō-darppaṇattil ennum ammē nin tiru-
vadanam
teḷiññonnu kāṇuvān ñān tapam-irippū
japiccum naltapiccum en vapussināl namiccum
ñān
dinam-onnonnāy kozhiññu kāttirikkunnu

Je languis de voir clairement Ton divin visage dans le miroir de mon esprit. Je récite mon mantra, je pratique des austérités, et me prosterne tout entier. Ainsi passent les jours et ardemment, j'attends.

mizhikaḷil andhakāram paṭarnnu-pōy paṭavukaḷ
kaṭakkuvān kazhiyāte kuzhaññiṭumbōḷ
iruḷ-cūzhum vazhikaḷil uzhalum-en mizhikaḷil
oru ceru-tiri-nāḷam teḷikkuk-ammē... ammē
teḷikkuk-ammē

Le voile de l'obscurité recouvre mes yeux. Incapable de traverser le fleuve de la vie, je suis gagné par l'épuisement. Dans ces ruelles sombres, je n'y vois pas clair. Ô Mère je T'en prie, allume une minuscule lampe !

samsāra-pankam-ēttu iruḷ-āzhiyāy-en mana-
kara nīkkān karatāronn-aṇaccīṭēṇē
karaḷinte kayattil ninn-uyarunna kadanattin
cuzhiyil peṭṭulayāte karakēttaṇē... ammē
karakēttaṇē

Les impuretés qui entachent la vie dans le monde ternissent mon esprit. Je T'en prie, aide-moi à en effacer les marques et attire-moi près de Toi. Ô Mère, je T'en prie, sauve-moi du tourbillon de souffrance qui menace de m'engloutir, au tréfonds de mon cœur.

prēma-payassil muṅgi kutirnnoren manatāril
padatārāl aṭivecconn-ezhunnaḷḷaṇē
kārakanna vānilindu mizhivārnnu nilkkumiva
marayākum-aham nīkki teḷiññiṭēṇē... ammē
teḷiññiṭēṇē

Je T'en prie, laisse l'empreinte sacrée de Tes pas sanctifier mon cœur, imprégné du lait de l'amour. Comme les nuages sombres s'écartent pour révéler la lune radieuse, Ô Mère, je T'en prie, retire le voile de mon ego et révèle-Toi.

man tō bandhi (Hindi)

man tō bandhi vahī purānā
tan kā kārāgār nayā
āśāyē tṛṣṇāyē vē hi
karmō kā sansār nayā

Le mental, ce vieux prisonnier, est toujours le même. Seule la prison du corps change. Les désirs et passions sont les mêmes. Seul le monde créé par notre karma est nouveau.

vō hi mērā aham purānā
antar mērā rōj jalāyē
bhēd bhāv bhi vahī purānē
rūp nayē dhardhar kar āyē
vē hī sukh-duḥkh caltē man kō
bas unkā ādhār nayā

tan kā kārāgār nayā
tan kā kārāgār nayā

Le même vieil ego consume mon être jour après jour. Mes préjugés sont les mêmes, revêtus de nouveaux noms. Plaisirs et souffrances torturent mon esprit, inchangés. Seules leurs formes varient. Seule la prison du corps change.

nisdin dēkhō prabhu kī līlā
karm bhūmi kā kṣētr nirālā
janm maraṇ kā cakr calākar
māyā mēṅ sabkō bharmāyā
sūtradhār tō pahcānā sā
nāṭak kā śṛṅgār nayā
tan kā kārāgār nayā
tan kā kārāgār nayā

Chaque jour, regarde le jeu divin du Seigneur. Ce monde de nos karmas est si unique. En tournant la roue de la naissance et de la mort, le Seigneur nous a pris au piège de la grande Illusion. Le metteur-en-scène de cette pièce semble familier. Seul le décor est nouveau. Seule la prison du corps change.

manvā rē tu (Hindi)

manvā rē tu aisā thakā
na milā tujhē sukh kā patā
kahāṅ kahāṅ ḍūṇḍā tūnē usē
chipā hai kahāṅ, kiskō patā
manvā... rē... manvā... rē...

Ô Homme ! Tu sembles las de chercher partout le bonheur. Où trouveras-tu le bonheur ? Nul ne peut répondre à cette question, Ô Homme !

milā na kabhī vō mehalōṅ mēṅ
na cōṭī kē dhanvānō mēṅ
khōj rahē haiṅ vō bhī usē
kisi kē bhī jāl mēṅ, vō nā phasē
manvā... rē... manvā... rē...

Tu ne le trouves ni dans les demeures somptueuses, ni au milieu des plus riches. Eux aussi le recherchent frénétiquement. Le bonheur est très difficile à obtenir, Ô Homme !

sant vāṇī gūñjē man mē
ulaṭ nayan kō bhītar rē
sukh hai kahāṅ, viṣayōṅ mēṅ basā
uskā srōt hai andar rē
manvā... rē... manvā... rē...

Résonnent alors dans nos esprits les paroles des sages, qui nous incitent à tourner le regard vers l'intérieur. Le bonheur ne se trouve pas dans les objets des sens. Son essence est à l'intérieur, Ô Homme !

sukh kā sūraj ḍhaltā nahīṅ
uskā kōyī ant nahīṅ
gyān kī dṛṣṭi jaisē khulē
ānand dhan banē jīvan rē
manvā... rē... manvā... rē...

Le Soleil du bonheur ne se couche jamais. Le véritable bonheur est infini. Lorsque les yeux de la véritable connaissance s'ouvrent, la vie s'enrichit du bonheur, Ô Homme !

mā ō mā mārī (Gujarati)

mā ō mā mārī tuṅ mā
tārā sivā nathī kōī mārūṅ
kē tārā sivā nā jōvē kōī bījuṅ

Ô Mère, Tu es ma Mère. Je n'ai personne d'autre que Toi. Je ne veux personne d'autre que Toi.

tuṅ mārī sāthī tuṅ saṅgāthī
tu mārā śvāsōnā śvāsōśvās
rōm rōm mā tārō vās
kyārē samāviś mujhnē tujh mā...

Tu es mon amie et ma compagne. Tu es chaque respiration que je prends. Tu vis dans chaque particule de mon corps. Quand me laisseras-Tu me fondre en Toi ?

tāruṅ māruṅ kēvuṅ ā bandhan
tuṅ mārī pāsē huṅ tārāthī dūr
huṅ ātmā tuṅ paramātmā
kyārē samāviś mujhnē tujh mā...

Ô Mère, quelle est donc cette sorte d'attachement ? Tu es si proche et pourtant, je me sens si loin de Toi. Quand me laisseras-Tu me fondre en Toi ?

tu mārī dēvī ā jagnī tu jananī
tārā caraṇō mā cārō lōk
huṅ ā jagmā ā jag tuj mā
kyārē samāviś mujhnē tujh mā...

Ô Mère, Tu es ma Déesse. Tu es la Mère de ce monde. Tous les mondes sont à Tes pieds. J'appartiens à ce monde, et ce monde T'appartient.

maraṇattin-oru cuvaṭu (Malayalam)

maraṇattin-oru cuvaṭu-arikattil-eppōzhum
manujā nin janmam-enn-ariyēṇam-innu nī
oru noṭi matiyatu poliyuvān kumiḷapōl
gatakāla jaladhiyil smṛtiyāyi marayuvān
varuvānuḷḷ-oru kālam mati-tande varutiyil
karutalāy-illennu ariyēṇam-innu nī
ciramāyi nilakoḷḷum śivarūpa-bhajanam tān
citamāyat-atu mātram ariyēṇam-innu nī
ōm namaḥ śivāya ōm namaḥ śivāya

Ô Homme, sache qu'à chaque instant, tu fais un pas de plus vers la mort. La vie peut s'arrêter à tout moment et comme une bulle de savon, les souvenirs qui te restent s'abîmeront dans les eaux du passé. Comprends que ton intellect n'a aucun contrôle sur le futur. Sache que l'adoration du Seigneur Shiva, la Vérité éternelle, est le seul acte essentiel et propice.

paralōka-narakatte veṭiyunna sukṛtamāy
janiyārnna putrande cita-nōkki-nilppavar
iha-lōka-vāridhi naṭuvilāy nilppavar
imayonnu cimmiyāl iniyent-ariyāttōr
uyirārnna noṭimutal nizhalāyi tuṭarunna
poruḷitu maraṇam-enn-ariyēṇam-innu nī
ciramāyi nilakoḷḷum śivarūpa-bhajanam tān
citamāyat-atu mātram ariyēṇam-innu nī
ōm namaḥ śivāya ōm namaḥ śivāya

Combien de parents affligés pleurent, près du bûcher funéraire de leur fils, l'enfant parti trop tôt. Beaucoup sont ainsi perdus dans le vaste océan de la vie, dans l'incertitude de l'instant à venir. Pour tous, l'unique certitude est la mort. Elle les suit comme une ombre depuis le jour même de leur naissance. L'adoration du Seigneur Shiva, la Vérité éternelle, est le seul acte essentiel et propice.

jani-ārnna noṭiyil mṛtiy-ārnnu palatum
ariyāte nām vṛthā ciriyārnnitannē
pakal-onnu varumeṅkil iruvuṇḍu pinnil
uyiriṅgitārnnāl mṛtiyuṇḍ-itoppam
kozhiyunna nimiṣaṅgaḷ nitarām avaniyil
ninavāṇu vāzhvennum ariyēṇam-innu nī
ciramāyi nilakoḷḷum śivarūpa-bhajanam tān
citamāyat-atu mātram ariyēṇam-innu nī
ōm namaḥ śivāya ōm namaḥ śivāya

Au moment même de notre naissance, la mort est venue en faucher beaucoup d'autres. Nous nous réjouissons, oublieux de cette réalité ; la nuit succède au jour. De même, quand nous venons au monde, la mort nous accompagne. Les moments que nous ne passons pas absorbés dans le souvenir du Seigneur, sont du temps perdu. Sache que l'adoration du Seigneur Shiva, la Vérité éternelle, est le seul acte qui soit essentiel et propice.

mārgamulu enni (Telugu)

mārgamulu enni unna gamyamokkaṭē – vipra
bhāṣyamulu enni unna satyamokkaṭē
ī nijamu palikēdi sanātana dharmamu telusuko
ēkam sat viprā bahudā vadanti

Il existe de nombreux chemins mais la destination est unique. Il existe divers commentaires érudits, mais la Réalité est unique. Le Sanatana Dharma révèle cette vérité. La Vérité est Une. Les sages l'appellent par différents noms.

samskāramunu baṭṭi mārgamu ceppiri
ṛṣulu kramarītulatō dārulu cūpiri
sarvamu brahmamayam nīvu-nēnu daivamanē
darśana jīvanamē sanātana dharmamu

Divers chemins ont été créés pour satisfaire divers tempéraments. Les sages nous ont donné différentes pratiques spirituelles adaptées à différents caractères. Tout est divin, incluant vous et moi. Si l'on perçoit cette Vérité, chaque instant est l'essence du Sanatana Dharma.

mukkōṭi dēvatalu ṣanmatamulu pūjalu
vēda-vēdāṅgamulu āru-darśanamulu
bhakti jñāna rāja karma yōga mārgamulu
sarva samanvayamē sanātana dharmamu

Le Sanatana Dharma inclut trente millions de déités, six branches religieuses, de multiples rituels, les Védas et leurs branches auxiliaires, et six écoles de philosophie, ainsi que les chemins yogiques de la dévotion, de la connaissance, de la méditation et de l'action. Le Sanatana Dharma harmonise toutes les philosophies et tous les chemins disparates.

māye tanna (Kannada)

māye tanna pāśadinda
jagava suttu tiruvaḷu
janara ādisu tiruvaḷu
jagava ādisu tiruvaḷu

Maya emprisonne le monde dans ses filets. Elle tire comme il lui plaît les ficelles des êtres humains et du monde

dēvi dayāmayiyu sadā
jagava suttu tiruvaḷu
māyā pāśava biḍisi ada
hindake sutti koḷuvaḷu
hindake sutti koḷuvaḷu

Dévi, dans Sa compassion, parcourt le monde pour dénouer le nœud coulant de Maya et enrouler la corde.

dayāmayi dēvi mahāmāye dēvi

Ô, miséricordieuse Devi, Tu es plus puissante que Maya.

kāṇada daiva nambevemba
ādhunika janara munde
kōṭi raviya tējadi
dēvi śobhisu tiruvaḷu
dēvi śobhisu tiruvaḷu

Devant les nouvelles générations, qui affirment ne pas pouvoir croire à un Dieu invisible, Devi resplendit comme un million de soleils.

tanna prēma nūlininda
namma pōṇisi koḷuvaḷu
karuṇeyinda koraḷa hāra
hṛdaya kānisi koḷuvaḷu
hṛdaya kānisi koḷuvaḷu

Elle nous enfile comme des perles sur Son mala d'amour et serre avec compassion ce mala sur Son cœur.

mērī dēvīmā (Punjabi)

mērī dēvīmā āyī hai aj
mērī dēvīmā āyī hai aj
lakkhāṅ khuṣiyāṅ nū leykē
śubhkaḍī huṇ āyīhē aj
śubhkaḍī huṇ āyīhē aj

La Mère divine est venue aujourd'hui, apportant le bonheur. La Mère divine est venue aujourd'hui.

māyātōṅ laijāṇ pār
mērī dēvīmā āyi hai aj
mērī dēvīmā āyi hai aj

La Mère divine est venue aujourd'hui, pour nous faire traverser l'océan de maya.

satraṅkī mālā... ambar vicc
basanti phullādī... harthā mehek
lakkhāṅ sūrajdī camak leykē... hoy
jagan-mayīmā āyī hai aj
jagan-mayīmā āyī hai aj

Une guirlande couleur d'arc-en-ciel ornant les cieux, et le parfum de fleurs de printemps embaumant l'air, la Mère divine est venue aujourd'hui, aussi resplendissante que des millions de soleil.

mērī dēvīmā āyi hai aj
mērī dēvīmā āyi hai aj

Ma Mère divine est venue aujourd'hui.

nīliyā hai akkhāṅ kuṅkurālē vāl
mōtiyādī muskān sirtē tāj
amṛt tārādī varkhāṅ kardī... hoy
śērāvālīmā āyi hai aj
śērāvālīmā āyi hai aj

Avec Ses yeux magnifiques, Ses cheveux bouclés, un sourire éblouissant comme des perles et coiffée d'une couronne, Elle répand le divin nectar de la béatitude éternelle.

maiyā dī jaykār (jayjaykār bulāvō nāl)
jō palpal sāḍēnāl (jayjaykār bulāvō nāl)
asīsādā darbār (jayjaykār bulāvō nāl)
khuśiyā dī jhaṅkār (jayjaykār bulāvō nāl)

Victoire à la Mère divine, Celle qui est toujours avec nous. (Chantez tous « Victoire à la Mère divine ! ») Celle qui nous inonde de Sa grâce, Celle qui est une explosion de bonheur (Chantez tous « Victoire à la Mère divine ! »)

mōr paṅkh (Hindi)

mōr paṅkh sir pē suhānā... hōy hōy hōy hōy
cānd sā hē sundar cēharā
rūp mānas mēṅ hō tērā
mākhan cōrā citt cōrā
rādhē śyām gōpī śyām kānhā... hōy hōy hōy hōy
rādhē śyām gōpī śyām kānhā

Une magnifique plume de paon orne Tes cheveux, Ô Krishna. Ton visage est plus beau que la lune. Puisse Ta forme ravissante resplendir à jamais dans mon cœur. Puisse Ta forme ravissante resplendir à jamais dans mon cœur. Voleur de beurre, Tu captives mon esprit. Ô Shyam, Tu es le Bien-aimé de Radha et des gopis.

bōlē śyām bōlē śyām rādhē rādhē śyām
bōlē śyām bōlē śyām rādhē rādhē śyām
rādhē rādhē rādhē rādhē rādhē ghana śyām
rādhē ghana śyām

Chantons « Shyam Radhe Shyam » ! Ô Bien-aimé de Radha, Shyam, Ta peau sombre a la couleur des nuages de la mousson.

virah pūrṇimā cāndini rāt mēṅ
prēm rūp rākēndu jyōt mēṅ
rās nāc mēṅ śyām kē hāth lē
gōpiyāṅ sabhī nāctī jōṣ mēṅ

Par cette nuit de pleine lune, je ressens si intensément ma séparation d'avec Toi. Dans ce clair de lune splendide, je savoure Ton amour. Toutes les gopis, tenant la main de Krishna, sont entrées avec bonheur dans la danse rasa (la danse divine du Seigneur.)

vēṇugān kī mādhuri phail gayī
śyām rūp mēṅ līn hai sabhī
rās kēli kē nāc mēṅ rādhikā
śyām samān hō gayī sāṅvalī

Les douces mélodies de Sa flûte divine se répandent partout, enchantant tous les êtres. Radhika, bien-aimée du Seigneur, est si absorbée dans la danse divine que son teint même est devenu sombre comme celui du Seigneur.

mukiloḷi niram (Malayalam)

mukiloḷi niram-ārnnavan – avan
hṛdaya muraḷika mīṭṭuvōn
viralil giriyey-uyarttavan – avan
koṭiya kāḷiya marddakan

Sa couleur est celle des nuages de pluie et la flûte dont Il joue est celle du cœur. Il a soulevé la montagne avec son doigt et vaincu Kaliya, le féroce serpent.

harē kṛṣṇa... harē kṛṣṇa...

vraja-vadhū-jana nāyakan – avan
akhila-bhuvana vidhāyakan
naḷina-nayana manōharan – avan
yadu-kulōttama kēśavan

Il guide les gopis, Il règne sur tous les mondes. Ses yeux de lotus captivent l'esprit. Dans la lignée des Yadus, Keshava est le plus magnifique.

muraharē jaya mādhavā – śrita
śaraṇa-dāyaka śrīdharā
caraṇa-naḷina yugattil-aṭiyanu
śaraṇam-ēkaṇamē – sadā

Victoire à Madhava, qui a exterminé le démon Mura ! Il nous accorde refuge. Ô Epoux de Lakshmi, accorde-moi toujours refuge à Tes pieds de lotus.

akhila-guṇa-gaṇa samyutan – avan
anagha-mānasa pūjitan
atiśayātmaka vaibhavan – avan

amṛta-rūpan-adhōkṣajan

Muni de toutes les nobles qualités, Il est vénéré par celui qui a l'esprit pur. Sa gloire est extraordinaire. Il est Adhokshajan, éternel et au-delà des sens.

natajanārtti vināśakan - avan
haraviriñca suvanditan
madhuratan maṇi-dīpamām - avan
avanibhāram-akattiyōn

Il met fin aux souffrances des dévots ; Il est adoré par Shiva et Brahma. Il est la lampe glorieuse de Mathura et Il a éradiqué le mal sur terre.

koṭiya saṅgara bhūmiyil - avan
naranu sārathiyāyavan
yōgakārakan-avyayan - avan
yōgivṛnda niṣēvitan

Il a conduit le char d'Arjuna sur le sanglant champ de bataille. Il est l'Un éternel à jamais établi dans le yoga, et tous les yogis le servent.

jñāna-gītayatōtiyōn - avan
jñāna-rūpan-anāmayan
sujanapālana tatparan - avan
śrutisusāra parātparan

Il est l'Incarnation de la sagesse et libre de toute affliction, Il a enseigné la Gita. Désireux de protéger les êtres bons, Il est la véritable essence des Védas, l'Un suprême.

muttu muttu māriyamma (Tamoul)

muttu muttu māriyamma
muttazhagi dēviyamma
muttamizhāl vāzhttukindrōm
mūvulakum pōttriḍavē
muttēvarum vaṇankiḍum dēviyamma
muttēviyē ōmkāriyē kāḷiyamma

Ô Mariyamma, Déesse magnifique ! Les trois mondes, par la poésie, la musique et le théâtre, chantent Tes louanges. Tu es Parvati, Lakshmi, Sarasvati et Kali. Tu es aussi l'incarnation de Om. Brahma, Vishnu et Shiva Te vénèrent.

īndra tāyē makkaḷai manatil vaikinḍrāy
iniyavaḷē akhilattai uḷ niraikkindrāy
inbattilum tunbattilum unnai pōttriḍavē
inidāna pērinba vāzhvu taruvāyē

Ô Mère, omniprésente dans tout l'univers, Tu nous chéris dans Ton cœur. Nous T'adorons dans le plaisir et la douleur. Nous T'en prions, accorde-nous la bénédiction d'une vie heureuse.

aruḷāṭci seybavaḷē manasākṣi āgindrāy
avaniyilē anbum amaidiyum pozhigindrāy
manadil vaittēn unnai karuttil vaittēn
vinai tīrkka valam varum selviyamma

Tu gouvernes l'univers avec compassion. Tu es ma conscience. Tu répands l'amour et la paix sur terre. Je Te chéris à chaque instant. Tu parcours le monde en éliminant le karma de Tes enfants.

kāḷīśvari vāgīśvari nādēśvari śaraṇam

lōkēśvari māhēśvari nāgēśvari śaraṇam
ōmkāri aimkāri hrīmkāri śaraṇam
kāḷi triśūli rājarājēśvari śaraṇam

Je prends refuge en Toi, Ô Kali ! Déesse de la parole, de la musique et du monde, je prends refuge en Toi. Ô suprême Déesse et Déesse des Nagas, Tu es l'incarnation des bijaaksharas Om, Aim et Hrim (mantras, lettres racines). Ô Kali, Impératrice suprême, je prends refuge en Toi !

kāḷī śaraṇam lakṣmī śaraṇam durgē śaraṇam
dēvī śaraṇam bhadrē śaraṇam rudrē śaraṇam

Ô Incarnation de Kali, Lakshmi, Durga, Devi, Bhadra et Rudra, je prends refuge en Toi !

nācē kānuḍō nācē (Gujarati)

nācē kānuḍō nācē
tā... tātāthaiyā tā... tātāthaiyā tāthaiyā
nācē kānuḍō nācē
tātāthaiyā tātāthaiyā tātāthaiyā tā... thaiyā

L'enfant Krishna danse !

nānā nānā caraṇ tēnā
caraṇē bāndhī jhāñjar jhīṇī
nānī nānī paglī bharī nācē...

De tout petits bracelets de chevilles à Ses pieds minuscules, à pas minuscules, l'enfant Krishna danse.

nāthyō tēṇē kāliyānē
kāliyō bhaythi thar tharē
kāliyānī māthē caḍī nācē

L'enfant Krishna a vaincu le serpent Kaliya ; celui-ci a tremblé de peur quand l'enfant Krishna a grimpé et dansé sur sa tête.

līlā tēni kēvī jūō
jagnē nacāvanārō
nācē bhaktōnā dīlmā nācē

Vois Ses lilas. Celui qui fait danser le monde danse dans le cœur de Ses dévots. L'enfant Krishna danse.

bhaktimā bhān bhūlī... nācē nācē
bhaktōnā dilmā kānō... nācē nācē
jay kanhaiyā lāl bōlō... nācē nācē
jay kāliyā mardan... nācē nācē

Tout le monde danse, ivre de dévotion. Kanna danse dans le cœur de Ses dévots. Le petit Kanna danse. Le destructeur de Kaliya danse ! Ivres de dévotion, tous dansent. Dans le cœur de Ses dévots, l'enfant Krishna danse. Victoire à Krishna, victoire à Celui qui a vaincu le serpent Kaliya.

nācē nācē kānō nācē nācē

Krishna danse !

nandalālā yadu nandalālā (Hindi)

nandalālā yadu nandalālā
vṛndāvana gōvinda bālā
rādhālōlā nandalālā
rādhā mādhava nandalālā

Ô Fils chéri de Nanda, petit Seigneur enchanteur de Vrindavan, Bien-aimé de Radha.

hari hari hari hari smaraṇ karō
hari caraṇ kamal dhyān karō
muralī mōhan naman karō
giridhar murahar bhajan karō
giridhar murahar bhajan karō

Souviens-toi du nom de Hari (Krishna.) Médite sur Ses pieds de lotus. Prosterne-toi devant Celui qui tient la flûte divine. Chante la gloire de Giridhara, le Seigneur qui porte sans effort notre montagne de souffrances lorsque nous nous abandonnons à Lui.

madhur madhur muraḷidhara śyāmā
mathurādhipatē rādhē śyāmā
sūrdās prabhu hē giridhāri
mīrā kē prabhu hṛdaya vihāri
mīrā kē prabhu hṛdaya vihāri

Ô doux Seigneur Shyam, Seigneur de Mathura, Bien-aimé de Radha, Tu tiens une flûte. Seigneur adoré par le grand saint Surdas, Tu as soulevé la montagne. Tu demeurais à jamais dans le cœur de Mira (Princesse à la dévotion suprême).

rādhē rādhē rādhē rādhē rādhē gōvindā
rādhē gōvindā
vṛndāvana canda kandā mukundā
anandā mukundā

Chantez les noms du Seigneur Krishna. Le bel enfant adoré Krishna, Celui qui accorde la liberté.

narajanmōgu (Tulu)

narajanmōgu battibokka ullā nama nālayn dinokku
ātu dina malpuga ammana pādāsēvenu... ammana pādāsēvenu

Une vie humaine ne dure que quelques jours. Utilisons ce temps précieux à servir Amma.

bannaga kāsu kaniyērē ijji pōnagalā koniyērē ijji
lōka panpina śāśvata attu dharma mārgōnu buḍupina atta
hṛdayāndhakārōnu gettudu ātmatatvōnu bōdhane maltudu
vivēka vairāgyōnu korle māyānāśini... dēvi bandhamōcini

Nous venons au monde les mains vides et nous n'emportons rien en le quittant. Tout en avançant sur le chemin du dharma (rectitude, vertu) souvenons-nous que rien, en ce monde, n'est éternel. Ô Toi qui dissipes l'illusion, accorde-moi le discernement et le détachement. Ô Déesse, Tu nous libères de tous les liens.

kāmini kāñcaṇa āse dīdu āsti baduku bōḍu paṇḍudu
sukha duḥkha māyōḍu būrdu aleyondullā aleyondullā
nīrda mittu itti guḷḷe yētu kāla uppuṇḍu panlē
ī satyōnu nenetu badukarē sāditojālē... dēvi hṛdinivāsini

La luxure et l'avidité nous réduisent en esclavage. Nous amassons argent et possessions. En proie au plaisir et à la souffrance, nous errons sans but. Comme une bulle à la surface de l'eau, la vie est éphémère. Aide-nous à nous souvenir de cette vérité et montre-nous comment vivre. Ô Déesse, Tu résides dans nos cœurs.

suguṇa manōhari śivaramaṇi
gauri manōhari jagajanani

Ô Bien-aimée de Shiva, Trésor de vertu. Ô Mère de l'univers, Tu captives tous les cœurs.

navvu navvu (Telugu)

navvu navvu navvu... ēḍupu āpi navvu
amma navvamandi... amma navvamandi

Souriez, souriez, souriez... Cessez de pleurer et souriez ! Amma nous demande de sourire. Elle nous demande de rire.

sommulenni vunna, padavulenni vunna
mandi enta vunna, nī āśalēnni tīru
puṭṭinōḍu cāvunu, caccinōḍu puṭṭunu
puṭṭi ēḍci cacci ēḍci ēla ēḍcē bratuku

Quelles que soient vos richesses, vos titres ou le nombre de personnes qui vous entourent, combien de vos désirs sont-ils comblés ? Qui est né doit mourir, qui meurt renaît. Nous pleurons en naissant, nous pleurons en mourant. Pourquoi pleurer encore tout au long de la vie ?

amma navvamandi ahaha hahaha
amma navvamandi ohoho hohoho

Amma nous demande de rire, aha ha ha. Amma nous demande de rire, oho ho ho.

endaru enni annā... okka navvu navvu
krinda jāri paḍinā... paiki lēci navvu
ēnni bādhalunnā... maraci marala navvu
gāli pīlci, gālivadili – navvi navvi bratuku

Qu'importe si beaucoup vous critiquent... riez ! Si vous trébuchez et tombez, relevez-vous et riez ; si vous êtes confrontés à une foule de problèmes, oubliez-les et souriez. A chaque inspiration, à chaque expiration, riez ! Vivez, et que votre vie soit remplie de rire !

amma vundi antā, manakū ēla cinta
amma vundi tōḍu, bhayamu lēka navvu
nuvvu navvu tuṇṭē sṛṣṭi navvutundi
amma navvu cūsicūsi, āḍi pāḍi navvu

Amma est partout. Alors pourquoi s'inquiéter ? Amma est avec nous à chaque instant. Abandonnez donc vos peurs et souriez. Souriez, et la création tout entière sourira. Regardez le sourire d'Amma et dansez, souriez et riez !

nēh mujhē dō (Hindi)

nēh mujhē dō... nij caraṇōṅ kā
ab tō rahā na jāyē
virah agnī mēṅ bhasm hō rahā
mukh sē kahā na jāyē
mukh sē kahā na jāyē
mukh sē kahā na jāyē

Accorde-moi l'amour pour Tes pieds de lotus. Je ne puis endurer plus longtemps ce tourment. Le feu de la séparation me consume et me réduit en cendres ; je ne puis décrire mon état intérieur.

mērā man hī mērā duśman
viṣayōṅ mēṅ bhaṭkāyē
dūjī tērī sundar māyā
barbas darmāyē rōg
baḍā hai ab tō itnā
dard sahā na jāyē

Mon mental est mon ennemi, qui constamment me distrait avec les objets du monde. Et Ton magnifique pouvoir d'illusion me leurre, lui aussi. Le mal est si grave à présent, que la douleur devient intolérable.

tumnē bhējā amarit dēkar
mainē viṣ apnāyā
kṣaṇ-bhaṅgur tan par mōhit hō
amar lōk visarāya duḥkh
dētā mujhkō bhavsāgar
ab tō bahā na jāyē

Tu m'as offert le nectar d'immortalité, mais j'ai préféré le poison. Trompé et ensorcelé par le corps périssable, j'ai oublié le royaume de l'immortalité. Cet océan de la transmigration n'apporte que souffrance et à présent, je me noie.

nel tarum (Tamil)

nel tarum mutteḍuttu uṇavākkalām – ammā
nīr tarum mutteḍuttu saram kōrkkalām
soltarum mutteḍuttu kaviyākkalām unadu
sēvai tarum muttukk-edai nigar-ākkalām

Le riz non-décortiqué peut devenir nourriture et les perles de l'océan, un collier. Des mots choisis peuvent composer un poème. Mais Amma, rien n'est plus précieux que le bonheur d'accomplir Ton seva.

annaitarum muttadanil anbinai peralām
tandai tarum muttadanil paṇbinai peralām
āsānin muttadanil arivinai peralām
ammā un muttattilō anaittaiyum peralām
ammā un muttattilō anaittaiyum peralām

Notre mère nous donne la perle de l'amour. Notre père nous donne la perle d'un bon caractère. Notre professeur nous offre la perle de la connaissance. Amma nous donne tout.

uttravarin muttadanil urutuṇai uṇḍu
uravinarin muttadanil ūkkamum uṇḍu
anbargaḷin muttadanil ārudal uṇḍu
ammā un muttam-adarkku īṭiṇaiyuṇḍō?
ammā un muttam-adarkku īṭiṇaiyuṇḍō?

Un ami peut nous offrir la perle de son soutien. Un proche, la perle de ses encouragements. Un être aimé peut nous apporter la perle de son réconfort. Amma, rien ne peut égaler Ton précieux baiser.

nī viral toṭṭāl (Malayalam)

nī viral toṭṭāl pāṭunna vīṇayām
ī janmam saphalam enn-ammē
nin mozhi kēlkkān kātōrtt-irikkayāṇu
ī dhanya bhūmiyil ammē

Ô Mère ! La vina de mon existence atteint la plénitude lorsqu'elle chante sous la caresse de Tes doigts. J'attends, sur cette terre bénie, et me languis d'entendre Ta voix mélodieuse.

tāmara-ppūvitaḷ tumbile tēn-kaṇam
vāri-eṭukkum vasanta-rāvil
maññin kaṇaṅgaḷ pōl ārdramāy jīvanil
snēhāmṛtam tūki nilkkum ammē
nī-ende saṅgīta rāga-vṛndam – ammē
nī-ende ātmāvin śānti-mantram

Mère, en cette nuit où le printemps recueille le nectar à l'extrémité des pétales des lotus, Ta présence se dépose en moi avec la douceur infinie de la neige. Tu répands sur ma vie l'ambroisie de l'amour. Ô Mère ! Tu es toutes les mélodies qui résonnent en moi et Tu es mon mantra de paix.

mārivil gōpuram māṭi viḷikkavē
tāraṅgaḷ-ālōlam āṭi nilkke
manvantaraṅgaḷāy ī śyāma vāṭiyil
ānanda gītamāy vannor-ammē
nī-ende vāṭiyil dēva-tāram – ammē
nī-ende kōvilil dēva-śilpam

Haut dans le firmament, l'arc-en-ciel T'appelle et les étoiles T'attendent avec impatience. Ô Mère ! De tous temps, Tu es venue sur terre, chant de béatitude infinie. Tu es l'étoile divine dans mon jardin. Tu es l'idole divine dans le temple de mon cœur.

nīlāñjana mizhi (version Kannada)

nīlāñjana nētra nīrada varṇā
nīnē gati yenagendu kṛṣṇā
husiyallā prabhu nīnē gatiyu
ēkādhāra nī kṛṣṇā

bālakumārana līlegaḷāḍuve
śyāmala kōmala kṛṣṇā
nārada tumburu nādapriyane
mānasa mōhana kṛṣṇā

kīrtana nartana ārtivināśana
śāśvata bhāsura kṛṣṇā
ēṣaṇa nīguva vīkṣaṇe nīḍu
sākṣibhāvātmaka kṛṣṇā

māyāmōhana mānava sēvita
pāda sarōjā kṛṣṇā
bhūtala vāsadi biḍugaḍe nīḍu
mōkṣapradāyaka kṛṣṇā

nīlō nīlō nīlōnē (Telugu)

nīlō nīlō nīlōnē
antā unnadi nīlōnē
śivuḍu unnadi nīlōnē
nīlōnē... nīlōnē...

En vous, en vous, en vous, tout est en vous. Shiva Lui-même est en vous. En vous, en vous.

sṛṣṭiki artthamu nīlōnē
rūpapu bimbamu nīlōnē
śabdamu gamyamu nīlōnē
sparśaku sphuraṇa nīlōnē

La Création se produit en vous. Les formes (que vous voyez) sont un reflet à l'intérieur de vous. Le son finit en vous. Toute réaction à un contact sensoriel se passe en vous.

rāgamu dvēṣamu nīlōnē
bandhamu mōkṣamu nīlōnē
śivuni vetakāli nīlōnē
nēnanu eruka śivuḍēlē

C'est en vous que naissent l'attirance et la répulsion. En vous que sont l'asservissement et la libération. Cherchez Shiva en vous. « Je suis », cette conscience intérieure, n'est autre que Shiva.

jaya jaya śankara hara hara śankara
śiva śiva śankara śambhō śankara

ninna naguvu (Kannada)

ninna naguvu pasariside ellarā hṛdayadalli
prēma nīḍi namma manava parivartiside amma
makkaḷannu uddharisalu avatariside jagadoḷu
jaganmāteyāgi nī beḷagutihe amma

Ton sourire magnifique, divine pluie d'amour, se répand sur toute chose. Tu as transformé nos cœurs, Ô Amma. Tu T'es incarnée sur cette terre pour aider Tes enfants à s'élever. Ô Mère Kali, Tu es la resplendissante Mère de l'univers.

amma jaganmātē dēvī kāḷī mātē
amma jaganmātē dēvī kāḷi mātēmalligeya
sugandhavu ninna sānniddhya ammā

ninna darśana paḍeyalu bandiheyu amma
arivillada ninna makkaḷa kāpāḍu ammā
nīnobbaḷe namagāśraya hē dayā sindhu

Ta présence répand un parfum aussi doux que le jasmin. Nous sommes venus recevoir Ton divin darshan. Nous T'en prions, protège Tes enfants ignorants. Tu es notre unique refuge, Ô Être plein de compassion, Ô Mère Kali.

sat cintanadalli namma magnagoḷisu tāyē
mōha pāśava biḍisi dharma mārgava bōdhisu
namma manadalli ninna caraṇa kamala
ajñāna kaḷedu muktiya prasādisu

Accorde-nous la bénédiction de n'avoir que de bonnes pensées ; et libère-nous des liens de l'attachement. Enseigne-nous le chemin du dharma (la Vérité éternelle.) Puissent Tes pieds sacrés demeurer à jamais dans nos cœurs. Délivre-nous de l'ignorance et accorde-nous la liberté, Ô Mère Kali.

ninna nirmala (Kannada)

ninna nirmala prēmake paravaśanādē
enna manadi divya jyōti beḷagamma

Je m'abandonne à Ton amour pur et inconditionnel. Je T'en prie, allume la lampe divine dans mon esprit.

enna bāḷige nī beḷakāgi bande
ninnusire ī jagada prāṇavamma
śraddhē bhakti viśvāsava dayapālisi
enna janmava sārthaka goḷisamma
ammā... ammā... ammā... ennammā...

Tu es venue illuminer ma vie. Ton souffle nourrit la force de vie de ce monde. Je T'en prie, accorde-moi la foi et la dévotion. Je T'en prie, fais que ma vie soit utile aux autres, Ô Mère.

parara kaṣṭagaḷanariyuva śakti nīḍamma
enna karagaḷa sad viniyōga vāgali
enna kāryavella nissvārtha sēveyāgali
jagadi ellede sukha śānti nelesali
ammā... ammā... ammā... ennammā...

Je T'en prie, donne-moi la force de comprendre les difficultés de mes semblables. Fais que mes mains ne servent qu'à accomplir le bien ; que toutes mes actions soient consacrées au service désintéressé. Fais que la paix règne dans tout l'univers.

ellarallu ninna kāṇuva dṛṣṭi nīḍu
ahaṅkāra tolagisi śaraṇāgati nīḍu
jñāna siddhi kṛpe gaidu ajñānava aḷisu
ninna caraṇa kamalagaḷe enagāśraya
ammā... ammā... ammā... ennammā...

Je T'en prie, accorde-moi la grâce de Te voir dans les autres. Dans Ta bonté, accorde-moi la grâce de me défaire de mon ego et l'intelligence de m'abandonner à Toi. Je T'en prie, aie pitié de moi, insuffle-moi la connaissance qui détruira mon ignorance. Tes pieds de lotus sont mon refuge.

ninu kīrtimpa (Telugu)

ninu kīrtimpa mañci hṛdayamēdi
nī kīrttana pāḍa mañci bhāvamu ēdi

Où se trouve en moi la bonté du cœur, pour pouvoir adorer Ta grandeur ? Où sont les nobles sentiments, pour pouvoir chanter Tes bhajans ?

kalmaṣa vāsanatō madi ceḍutunnadi
bhāvaśuddhi lēka bhakti vīgucunnadi
japamu lēka manassu jārutunnadi
vividha karmala naḍuma naligi pōtunnadi
ammā… ammā… ammā… ammā

Des pensées impures ont perverti mon esprit. Sans une source intérieure de pensées pures, ma dévotion flétrit et se dessèche. Mon esprit, incapable de faire japa, s'éclipse, malmené dans le tourbillon d'une multitude d'actions, Ô Amma.

ammā… nā mora ālakimpavā ammā
prēma viśvāsa-bhakti nā centalēvamma en moi
bhakti bhikṣamunicci kāpāḍavā amma
prēma hṛdayamicci rakṣimpavā ammā
ammā… ammā… ammā… ammā

Ô Amma, je T'en prie, entends ma souffrance. Je ne ressens ni amour, ni dévotion, ni foi. Je T'en prie, remplis mon cœur d'amour et de dévotion. Je T'en prie, protège-moi.

śaṅkari śaraṇam janani śaraṇam śaraṇamu jagadamba
pārvati śaraṇam mahēṣi śaraṇam śaraṇamu jagadamba

Ô bienfaisante Mère de l'univers, je prends refuge en Toi. Ô Parvati, Ô Impératrice, Ô Mère universelle, je prends refuge en Toi.

niścala koḷada (Kannada)

niścala koḷada nirmala jaladi
nā ninna kaṇḍukoṇḍe
hṛdaya kamalada mēlondu dhavaḷa
śankhuvinante beḷagiruvē

Dans le lac tranquille, à la surface de son eau pure, je T'ai contemplée. Dans le lotus du cœur, Tu resplendis telle une conque à la blancheur immaculée.

stabdha niśabda citrada teradi
siddhavāgali dhyāna
bāleya manake balavilla amma
olumeyindī kṣaṇa hiḍidiḍu nī

Puisse ma méditation être parfaite, comme une image immobile et silencieuse. Ô Mère, le mental de cet enfant est trop faible. Je T'en prie, conserve ce moment avec amour.

ondē bēḍikē dēviye kēḷu
ādhivyādhigaḷa nīgisu
īkṣaṇavē terē anantateya tere
nirantaravāgali anubhūti

Ô Devi, je T'en prie, écoute ma prière. Puissent les problèmes et les souffrances ne pas perturber ma quiétude. Je T'en prie, ôte le voile qui dissimule l'Éternité. Puisse l'expérience du Divin demeurer en moi en permanence.

nit din tarsē (Hindi)

nit din tarsē nain hamārē
darśan dījō kṛṣṇa murārē
vṛndāvan kē mōhan pyārē
nand yaśōdā kē bāl dulārē

Ô Krishna, nos yeux, constamment, se languissent de Te voir. Tu es le Bien-aimé de Vrindavan, et Tu es la prunelle des yeux de Nanda et de Yasoda.

man kē jharōkhōṅ sē tujhē hi dēkhuṅ
rāt aur din bas tujhē hi pūjuṅ
har kṣaṇ har pal tērā guṇ gāvūṅ
aisā var dē dō manamōhan tum

Par les fenêtres de mon esprit, je vois Ta forme en permanence. Je T'adore jour et nuit. Je T'en prie, accorde-moi la bénédiction de chanter à chaque instant Tes louanges.

hē śyām gōpālā! hē manamōhanā!

Ô Syam (celui qui a le teint sombre)! Ô Gōpāla (protecteur des troupeaux) ! Ô Manamōhana (enchanteur des cœurs) !

tērē cintan mēṅ bitāvūṅ yē jīvan
sauṅpu tujhē maiṅ apnā tan man
har karm karuṅ tujhkō samarppaṇ
vinati sunlē hamāri tu mōhan

Puissé-je consacrer ma vie entière à me souvenir de Toi. Puissé-je T'abandonner mon corps, mon esprit et mes actions. Ô Krishna, je T'en prie, exauce ma prière !

nṛttamāḍu (Malayalam)

nṛttamāḍu nṛttamāḍu nṛttamāḍu bālakā
nṛttamāḍu nṛttamāḍu nṛttamāḍu bālakā

Danse, danse, danse, Ô jeune garçon ! Danse, danse, danse.

dhim dhimidhimi dhim dhimidhimi
mēgha carmma ghōṣamō
vānil ninnum dēvakaḷ
muzhakkiṭunna vādyamō
ugra-darppam-ēntiṭunnu
kāḷiyande pattiyil
indracāpam-ēnti-nilkkum
anti mēgham-ennapōl

Le rythme de Tes pas est pareil au roulement du tonnerre qui ébranle les nuages. Ou bien s'agit-il des battements de tambours des êtres célestes, au-dessus de la tête de Kaliya, le serpent si férocement fier et venimeux ? Krishna, Tu apparais tel un nuage sombre soutenant l'arc-en-ciel chatoyant.

mālya kankaṇādikaḷ
karṇṇa bhūṣayābhakaḷ
sūrya śōbha maṅgiyō
minnalonnu cimmiyō
dig gajaṅgaḷ-uddhyatam
utirtta nāda-ghōṣamō
uragamonnuṭal piṇaccu
cīriyārtta nādamō

Tu es paré d'ornements au doux tintement - guirlandes, bracelets et boucles d'oreilles. L'éclat du soleil et celui de l'éclair pâlissent face à Ta splendeur. S'agit-il des barrissements de joie des huit éléphants qui soutiennent les huit directions ? Ou bien est-ce Ton rire qui résonne, tandis que Tu danses sur les têtes entremêlées du serpent ?

pīlinīrtti āṭiṭunna
kēki tande cēloṭu
sarppa śīrṣa maṇḍalattil
nṛtta vēgam-ārnniṭum
āzhiyārnna vantira
onnuyarnna marnna pōl
kāḷa sarppa śīrṣavum
ijjalattil-āzhnnuvō

Avec la beauté d'un paon déployant ses plumes chatoyantes, Ta danse s'accélère sur le cercle formé par les têtes du serpent. Telle une vague gigantesque qui se lève à la surface de l'océan, puis retombe, la tête du serpent mortel a sombré profondément dans les eaux.

mandharādri sindhuvil
ennapōl patikkayō
uraga dēhamākavē

cēvaṭikku cūzheyāy
rājamalli pūttulañña
māmalayakku nēritā
śōṇitattil muṅgiyārttu
kēṇiṭunnu kāḷiyan

Comme si l'immense montagne Mandara s'était enfoncée dans l'océan, le serpent a sombré sous Ses pieds dansants. Le Seigneur ressemblait à un jardin de fleurs rouges et jaunes surmontant le serpent, pareil à une montagne noire. Ses anneaux affaiblis glissant au fond de l'océan, Kaliyan, vaincu, pleurait et louait le Seigneur.

nandananda cittacora śri mukunda nin padam
gopabāla vāsudeva meghavarṇa kaitozhām

Ô Fils de Nanda, Toi qui dérobes les cœurs ! Bienfaisant Mukunda, Ô petit vacher. Vasudeva ! Toi qui as la couleur des sombres nuages de pluie. Les mains jointes, je prie à Tes pieds de lotus.

ō man mālik (Hindi)

yadā samharate cāyam kūrmōṅgānīva sarvaśaḥ
indriyāṇiyāṇi indriyārthēbhyaḥ tasya prajñā
pratiṣṭhitā

Celui qui, tel une tortue qui rétracte ses membres au fond de sa carapace, qui peut détacher de leurs objets les sens, celui-là est établi dans la véritable sagesse. (Bh.Gita 2.58).

ō man mālik! man kō rōkō
jāl hi jāl bichāēṅ
bēkābū hōkar māyā mēṅ
nāc hi nāc nacāēṅ... ō man mālik

Ô Seigneur, je T'en prie, fais taire ce mental pris dans les filets des objets du monde. Je perds tout contrôle sur cette illusion et persiste à danser sur sa musique.

jin viṣayōṅ kō bhōg kē chōḍā
lauṭ lauṭ vahī jāēṅ
bharamōṅ kō upajāēṅ har pal
janamō mēṅ bhaṭkāēṅ
jāl hi jāl bichāēṅ
jāl hi jāl bichāēṅ

Mon mental retourne obstinément vers les objets dont j'ai tiré plaisir autrefois, et que j'ai abandonnés. Cultivant en permanence les illusions, ce mental me fait errer de vie en vie. Il lance sur moi ses filets avec acharnement.

ō man mālik! man kō rōkō.

Ô Seigneur, je T'en prie, fais taire ce mental.

bāndhē man hī gyān kī sīmā
satya samajh nahīṅ āē
kāl dēś is kē hathakaṇḍē kōī pār nā pāēṅ
jitnā bhī iskō bahalāō utnā hī bahakāēṅ
jāl hi jāl bichāēṅ... ō man mālik!

Ce mental emprisonné ne comprend pas que la Connaissance et la Vérité résident au-delà de ses limites. Personne ne peut déjouer la supercherie du temps et de l'espace. En dépit de tous mes efforts, ce mental, avec acharnement, lance sur moi ses filets et m'emporte.

ōmkāra svaramezhum (Malayalam)

ōmkāra svaramezhum niramāla cārtti
pon sūrya kiraṇattin śōbha tūki
kalitan prabhāvēna vikampita svāntē
dhīra-samīranāy aṇayū ambē

Ô Mère qui rayonne, parée de la guirlande colorée du OM, de l'éclat doré du soleil, les perturbations du Kali Yuga (l'âge actuel du déclin moral) agitent mon cœur. Telle une douce brise consolante, viens à moi.

virahattin vēnalil ñān taḷarnnu
hṛdi-śōbhayēkum nī eṅgu pōyi
akalayāy ñānō mizhinūttirunnu
āśakiraṇangaḷ hā poliññu

La brûlure cuisante de la séparation m'anéantit. Ô Lumière de mon cœur, où es-Tu partie ? Je fixe le lointain dans une attente désespérée.

ambām yajāmi anaghām namāmi
śyāmām smarāmi bhāmām bhajāmi

Ô Mère, je T'abandonne ma vie et me prosterne devant Toi, Ô Toi qui es pure et sans tache. Ô Toi qui as le teint sombre, je chante Tes louanges, absorbé dans Ton souvenir.

nātidūre mṛdu svanam kēṭṭu
citteviḷaṅgunnu ennu connu
sāntvanam ēki kṛpāvarṣam ēki
cērttu tirike sudīpta mārgē

J'ai entendu une voix toute proche murmurer : « Je réside dans Ton cœur. » Telle un baume apaisant, cette voix a inondé mon âme de grâce divine, me ramenant sur le chemin de l'éveil.

O Mother, when will I live your dream (Anglais)

O Mother, when will I live your dream for me?

Ô Mère, quand vivrai-je le rêve que tu as fait pour moi ?

If only I knew how to spread Your love and peace.

Si seulement je savais comment répandre Ta paix et Ton amour.

When will I see each moment as Your gift?

Quand verrai-je chaque instant du jour comme Ton cadeau ?

When will I smile, always feeling Your presence?

Quand sourirai-je, en sentant en permanence Ta présence?

When will I serve, pouring myself selflessly?

Quand me donnerai-je corps et âme au service désintéressé ?

When will I hear Your sweet words deep within?

Quand entendrai-je Tes douces paroles au fond de moi ?

When will I care with all my heart for Mother Nature?

Quand me soucierai-je de tout mon cœur de Mère Nature?

When will I tread the path You have led for me?

Quand marcherai-je sur le chemin que Tes pas ont tracé pour moi ?

On the banks of the river (Anglais)

On the banks of the river,
by the sacred Yamuna,
there's a dance by the water
of the gopis and Kṛṣṇa.

Sur les berges de la rivière sacrée Yamuna, auprès de l'eau se déroule la danse des gopis et de Krishna.

Smiles on their faces,
everyone plays and
sings with the flute of gopāla.
Chiming of bracelets,
jingle of anklets
ring to the beat of mṛdanga.

Le visage éclairé d'un sourire, tous jouent et chantent au son de la flûte de Gopala. Le tintement des bracelets, le grelot des bracelets de chevilles, résonnent au rythme du tambour (mrdanga).

Singing their longing,
dancing their joy.
hari govinda govinda gopāla
hari govinda govinda gopāla

Chantant leur attente languissante, dansant leur joie. Hari Govinda Govinda Gopala Hari Govinda Govinda Gopala

Losing themselves in the
rhythm of love, they
sway hand in hand with gopala.
Under the moonlight,

all through the night, they
pray in the sands of Yamuna.

Perdues dans le rythme de l'amour, elles se balancent, main dans la main avec Gopala. Sous le clair de lune, tout au long de la nuit, elles prient sur les rives sablonneuses de la Yamuna.

oru naḷil ñān en (Kannada version)

ontudina nānu kṛṣṇana kāṇuvē
koḷalgāna mādhuri kēḷuvē
sundara adharadi muraḷiya nūduvā
kṛṣṇana darśanā nā paḍēvē

āgenna janma saphalavāguvudū
andu nā ānanda pānamāḍi
unmatta bhaktiya uttuṅga neleyali
nintu ānandadi nartisuvē

ī jīvarāśigaḷigādhāra nīnu
īśa nīnu jagatpālakanu
kālaviḷamba māḍadē bandu
darśanā nīḍi santayisu

oru nōṭṭam-ēkāttat-entē (Malayalam)

oru nōṭṭam-ēkāttat-entē? ammē
onnum uriyāḍāttat-entē

mizhiyōrum nanayunnu karaḷōram pukayunnu
citta-tāpam perukunnu

Ô Mère, pourquoi ne me regardes-Tu pas ? Pourquoi ne me parles-Tu pas ? Mes yeux s'emplissent de larmes et mon cœur se consume de chagrin.

pizhakaḷ-adhikam bhavikkām – ende
kazhivil aham negaḷikkām
avyāja-kāruṇya-mūrttē – nīyen
aparādham ellām porukkū

J'ai peut-être commis de mauvaises actions. Je tire peut-être une trop grande fierté de mes capacités. Ô Mère, Incarnation de la pure compassion, je T'en prie, pardonne toutes mes fautes.

hṛdayam nuruṅgum vyathakaḷ – ammē
eṅgine uḷḷil-otukkum?
kanivin kaṭākṣam coriññāl – ślatha
hṛdayattil śāntiyēkīḍu

Comment puis-je supporter cette douleur qui me transperce le cœur ? Pose sur moi Ton regard miséricordieux et accorde la paix à mon cœur affligé.

karuṇārdra nētram patiññāl – manam
amṛtābdhi-tannil-ārāḍum
oru mātrayī ūzhī viṭṭu – pon
cirakārnnen manamaṅg-uyarum

Lorsque Ton regard rempli de compassion se posera sur moi, mon cœur baignera dans l'ambroisie de la béatitude. Pour un temps, il larguera ses amarres terrestres et s'élèvera dans le vaste ciel de Ton Soi radieux.

oru vitumbal mātram (Malayalam)

oru vitumbal mātram uḷḷil ninn-uyaravē
ariyunnu ñān-inn-aśaktan
oru tuḷḷi nīrkaṇam kaṇkaḷil nirayavē
ariyunnu ñān etra dhanyan

Tandis qu'un long sanglot secoue mon âme, je comprends que je suis impuissant. Et tandis que mes yeux se remplissent de larmes, je comprends à quel point je suis béni.

anaghē anantatē amalē anāmikē
atiśuddha caritē laḷitē sulaḷitē laḷitē
anaghē anantatē amalē anāmikē

Ô Toi, exempte de tout péché, éternelle, pure, au-delà du nom et de la forme ! Tu es indescriptiblement charmante et gracieuse. Ô Toi, exempte de tout péché, éternelle, pure, au-delà du nom et de la forme !

ulapōle eriyunn-oruḷttaṭam
kanivinde uravāl nanacc-uyirēku

Accorde une nouvelle existence à mon cœur qui, de douleur, se consume comme des braises dans une implacable fournaise. Baigne-le dans les eaux fraîches de Ta compassion.

orumātra nīyonnu karutukil
uzhalum-en uyir ninde aṭimalaril-aṇayum

Si Tu répands un seul instant sur moi Ta grâce, mon cœur errant trouvera son chemin vers Tes pieds de lotus.

jananavum maraṇavum marayiṭṭu-nilkkātta
mahitatama bhūmikayil-amarum

Je me fondrai dans le royaume glorieux où la vie et la mort n’existent pas.

pāhimām paramēśvarī (Malayalam)

pāhimām paramēśvarī paripāhimām hr̥dayēśvarī
pāhimām bhaktavatsalē paripāhimām karuṇālayē
vāṇimātē vīṇāpāṇī vilasiḍēṇamen rasanayil
jñānadātē prēmamūrtē vāṇiḍēṇamen mānasē

Protège-moi, Ô Déesse suprême ! Sauve-moi, Ô Déesse de mon cœur ! Protège-moi, Ô Être de compassion ! Sauve-moi, Ô demeure de la miséricorde ! Ô Mère de la Parole, Tu tiens dans Tes mains une vina. Je T’en prie, demeure sur ma langue. Ô Toi qui accordes la connaissance, incarnation de l’amour, je T’en prie, demeure dans mon cœur.

mōhanidrayil āṇḍupōyatu koṇḍu cētanayattivaḷ
etrayō aparādha-karmam ceytupōy jagadambikē
duritavāriṇi triguṇakāriṇi saguṇa-nirguṇa-kāriṇī
pāhipāhi bhavāni tāvaka pādapankajam āśrayam

Plongé dans le sommeil de l’illusion, j’erre sans aucune conscience. Ô Mère de l’univers, j’ai commis tant d’erreurs ! Ô Toi qui dissipes la souffrance, Tu es la cause des trois attributs (sattva, rajas et tamas,) ainsi que le substrat des attributs et de ce qui est sans attribut. Sauve-moi, Ô Mère. Tes pieds de lotus sont mon seul refuge.

māyavīśiya mōhavalayil peṭṭu ñānī nāḷvare
mōhajālam aruttumāttuka amba nin karavalliyāl
dīnavatsalē nī grahikkaṇē ende durbala kaittalam
cērkkaṇē tava padamalaril vīṇu kēzhumī ēzhayē

Jusqu'à ce jour, j'ai été pris au piège des filets d'ignorance de Ta maya. Ô Mère, je T'en prie, romps ce sortilège. Ô Amie des désespérés, je T'en prie, saisis ma faible main. Entends mon cri d'appel à l'aide. Je T'en prie, attire-moi à Tes pieds de lotus.

pannagaśāyi pārthasārathi (Kannada)

pannagaśāyi pārthasārathi
paramavēdaneyā pārugāṇisu
śyāma sundarā śāśvata sukhakara
śaraṇu śaraṇu rādhākṛṣṇā

Ô Seigneur Vishnu, Tu Te reposes sur Adisesa, le serpent aux mille têtes. Ô Seigneur Krishna, Tu fus l'aurige d'Arjuna. Je T'en prie, balaye la souffrance et la détresse. Ô Dieu magnifique à la peau sombre, Tu accordes la paix éternelle. Je prends refuge en Toi, Ô Radhakrishna.

gōpakumārā gōpināthanē
gōvardhana giridhāri
garuḍagamana jaya gānavilōlā
gōvindā hē bālagōpālā

Ô Seigneur des gopis et des gopas (bouvières et bouviers,) Tu soulevas la montagne Govardhana. Ô Toi qui aimes la musique divine, Ton véhicule est Garuda (l'aigle.) Saluons Govinda ! Saluons l'enfant Gopala !

rādhēkṛṣṇā kṛṣṇā rādhēkṛṣṇā
rāsavilōlā hē rādhēkṛṣṇā

Saluons Radha-Krishna, qui aime la danse rasa !

madanamōhanā madhusūdanā
muraḷī manōharā mādhava

bhaktavatsalā bhavabhaya haranē
bēḍuvē anukṣaṇa bhāsuranē

Ô Être fascinant, Madhava (Seigneur de Lakshmi,) Madhusudana (destructeur du démon Madhu,) le son de Ta flûte est enchanteur. Dans Ta compassion, Tu libères Tes dévots de la transmigration et de la peur. Ô Être radieux, je Te prie sans cesse !

pittā endrazhaittālum (Tamil)

pittā endrazhaittālum varuvāyē
perum cittā endrazhaittālum varuvāyē
vittāgi maramāgi viḷangum pemmānē
cittattai śivamākki taruvāyē

Ô Seigneur, que nous T'appelions « pauvre fou » ou « Conscience suprême,» Tu viens toujours à nous. Ô Seigneur, Tu es la graine et Tu es l'arbre. Je T'en prie, unis mon esprit à l'Absolu.

sottāle pittāga tirivārē - silar
cittrinpa pittāga alaivārē
pattāḷin adhikāram peṭrālē silapērō
pittēri talaikīzhāy naḍappārē

Certains sont possédés par la folie des richesses ; d'autres sont fous des plaisirs des sens ; d'autres encore courent après le pouvoir et la position sociale.

ettālē teḷivāgum empittam - emmai
sattāna śivamāga yām uṇarvōm
muttāna arivālē pittellām teḷivāgum
attāvē ataivēṇḍi paṇindōmē

Quand la clarté régnera-t-elle enfin dans nos esprits malades ? Nous nous éveillerons lorsque Tu révèleras le pur Absolu en nous. La pure connaissance dissipera notre folie. Ô Seigneur, nous nous prosternons devant Toi et Te supplions de nous accorder cette connaissance.

mādorubhāgan ānavā
malaimagaḷ manadai koṇḍavā
mālayan pōttrum nāyagā
sadguru nāthā dēśikā
śivaśiva harahara purahara madahara
bhayahara bhavahara śankarā

Ô Seigneur, Tu as dérobé le cœur de Parvati et vous partagez le même corps. (Ardhanarishwara – le Seigneur qui est moitié Shiva-moitié Shakti.) Tu es mon satguru, Seigneur Shiva, adoré par tous. Tu détruis nos peurs et notre ego. Tu nous aides à traverser l'océan du samsara. Nous nous prosternons devant Toi.

prabhuji tērā darśan (Hindi)

prabhuji tērā darśan kaisē pāvuṅ
mānava janma nā vyarth gavāvūṅ

Seigneur bien-aimé, comment puis-je obtenir Ton darshan (vision divine.) Ne me laisse pas gaspiller cette existence humaine.

tan tō hai ye, mal kī ghaṭarī, māyā man bharmāyē
dēh hī mēṅ hun, aisā samajkar, man ko yē bhaṭkāyē
apnā man hī mailā hai tō, ungalī kiskō dikhāūṅ
apnī hālat par ṣarmāūṅ

Ce corps est une accumulation d'impuretés et de négativités. Et Maya (le monde illusoire) distrait mon esprit. Elle nous leurre, en nous faisant nous identifier au corps. Alors que mon propre mental est impur, qui pourrais-je blâmer ? J'ai honte de cette situation déplorable.

vintī hai, hē bhagavan
ab dē dō tum darśan

Seigneur bien-aimé, je T'en prie, entends mon humble requête et accorde-moi Ton darshan.

har ik prāṇī, har ik kaṇ mēṅ, tum hī hō prabhu rahatē
īśāvāsyam idam sarvam, aisā ved hai kahatē
bāhar bhī aur andar bhī tujhē, kyōṅ mēṅ dēkh nā pāūṅ
kahāṅ sē mēṅ vō āṅkhē lāūṅ

C'est Toi qui existes en tout être vivant, en chaque atome. Les Védas déclarent que l'univers tout entier est imprégné par le Suprême. Ô Seigneur, pourquoi ne puis-je pas Te voir ? Où obtiendrai-je des yeux capables de Te voir à l'extérieur et à l'intérieur ?

prēm sē gāō (Hindi)

prēm sē gāō prēm sē nācō
prēm kī dēvī kī jay jay bōlō

Chantez avec amour, dansez avec amour, chantez la gloire de la Déesse de l'amour.

prēm kē sāgar sē jō bhī hai jāyē
māyā jāl mēṅ vō phaṅsa jāyē

prēm kē sāgar mēṅ jō ḍūb jāyē
amṛt pīyē vō amar ban jāyē

Les filets de l'illusion emprisonnent celui qui s'éloigne de l'océan d'amour. Celui qui se plonge dans l'océan d'amour boit l'Amrit et devient immortel.

prēm sē bōlō prēm sē dēkhō
prēm kī dēvī kī jay jay bōlō

Parlez avec amour, regardez avec amour, chantez la gloire de la Déesse de l'amour.

jismēṅ ahaṅkār aur ho mamkār
aisē bandē kī hō jāyē hār
tyāg kē sab kuch jō bhī āyē
ōṁkār mēṅ vō sadā bas jāyē

Celui qui est arrogant et nourrit des attachements échouera. Seul celui qui renonce à tout atteindra l'état d'Omkar.

prēm sē japō prēm sē bhajō
prēm kī dēvī kī jay jay bōlō

Récitez le mantra avec amour. Chantez les bhajans avec amour. Chantez la gloire de la Déesse de l'amour.

prēm sē gāō (prēm sē nācō)
prēm sē bōlō (prēm sē dēkhō)
prēm sē japō (prēm sē bhajō)
prēm mēṅ līn hō, prēm ban jāō

Récitez le mantra avec amour. Chantez les bhajans avec amour. Chantez la gloire de la Déesse de l'amour.

prēm kī dēvī kī jay jay bōlō

Chantez la gloire de la Déesse de l'amour.

prēma-gaṅgē ammē (Malayalam)

prēma-gaṅgē ammē amṛta-gaṅgē
jñāna-gaṅgē ammē prāṇa-gaṅgē

Ô Mère, Tu es le Gange d'amour, le Gange d'immortalité, le Gange de la connaissance et le Gange de notre force vitale (prana).

kavitayāy uḷḷilēkk-ozhuki-ettunnu nī
prēma-gaṅgē ammē amṛtēśvari
en-manō-mālinyam kazhuki ozhukkuvān
enn-uḷḷil vannu nī gaṅgayāy

Tu entres dans mon cœur sous forme de poésie, Ô Mère, Déesse éternelle, Gange d'amour. Tu es venue en moi, telle une rivière, laver toutes les impuretés de mon mental !

mizhi-pūṭṭi nin snēha tīre-irikkumbōḷ
uḷḷil-ozhukunnu śānti-gaṅga
ā prēma-gaṅgayil ozhukiṭaṭṭe ammē
karma-bhāṇḍhaṅgaḷ ozhukkiṭaṭṭe

Assis les yeux fermés sur les rives de Ton amour, un Gange de paix coule en moi. Ô Mère, puisse la somme de mon karma s'éloigner en flottant sur la rivière de Ton amour.

sarvatum ēttu-vāṅgunna nin salilamō
ā prēma-hṛdaya-pravāham-allē
ā prēma-gaṅgayil muṅgi nīrāṭi ñān
mukti-āyīṭaṭṭe nityam-ammē

L'amour qui coule de Ton cœur accepte tout. Puissé-je me plonger profondément dans Ton Gange d'amour, et devenir à jamais libre, Ô Mère.

puṭṭa puṭṭa kṛṣṇā (Kannada)

puṭṭa puṭṭa kṛṣṇā... muddu nalumē kṛṣṇā
ōḍi ōḍi bārō kamala kṛṣṇā
nīlamēghavarṇā... ghanaśyāma kṛṣṇa
mōhana kṛṣṇā... madhura kṛṣṇā...

Ô petit Krishna, mon adoré, viens, accours vers Ta mère, Ô ravissant enfant. Ton teint est pareil aux sombres nuages de pluie. Adorable Krishna, Tu es réellement charmant !

pītāmbara vastra uḍisēlamma yiruvalū
navilugarī karadi piṭidu kādiruvaḷu
vastravuṭṭu gariya dharise ōḍi bā kṛṣṇā
hāḍuhāḍi nalidāḍalu bēga bā kṛṣṇa...

Maman est là pour Te revêtir de soieries jaunes. Elle T'attend, une plume de paon à la main. Ô Krishna, paré de soie jaune et de la plume de paon, viens, accours vers Ta mère.

hālubeṇṇe siddhagoḷisi kāturadi kādihaḷu
koḷala daniya saviyalendu amma ninna nenesihaḷu
hālu kuṭidu beṇṇe savidu koḷala nūtu kṛṣṇā...
hāḍuhāḍi kunidāṭalu bēga bā kṛṣṇā...

Maman T'attend impatiemment ; elle a préparé pour Toi du lait et du beurre. Elle pense constamment à Toi et savoure la mélodie enchanteresse de Ta flûte. Ô Krishna, bois le lait, mange le beurre, et joue de Ta flûte. Viens vite chanter et danser avec maman.

jōjō lālī... lālī kṛṣṇā...

ammana maṭilalī malagu kṛṣṇā...

Ô Krishna, laisse maman Te chanter une berceuse. Viens Te reposer sur les genoux de maman.

rām hamārē śyām hamārē (Hindi)

rām hamārē śyām hamārē
param pitā vō sirjan hārē

Notre Ram, notre Shyam est le Père suprême, notre Créateur à tous !

sab lōkōṅ kē pālanhārē
jan-jan kē vō hi rakhvārē
antaryāmi, sab jag-svāmi
sab sē nyārē dil kē pyārē

Il soutient tous les mondes et protège tous les êtres ! Il est le Seigneur immanent à tout l'univers. Incomparable, tous les cœurs le chérissent !

yōg mē vō hi bhōg mē vō hi
jap mē vō hi tap mē vō hi
milan mēṇ vō bicchaḍan mēṇ vō hi
tan aur man hōtē ujiyārē

Dans le yoga (union avec le Divin), comme dans le plaisir, Lui seul est. Lui seul est le substrat du japa et de l'austérité ! Que nous soyons seul ou en nombreuse compagnie, Lui seul est ! La conscience de cette réalité illumine le corps et l'esprit !

sṛṣṭi kē kaṇ-kaṇ ādhārē
sab bhēdōṅ kē bhēdan hārē
brahmāṇḍōṅ mēṅ camak rahē vō
ban kar anagin sūraj tārē

Il est le substrat de chaque particule de la création, la Vérité qui pénètre tous les mystères ! Il resplendit dans tout l'univers sous la forme d'innombrables soleils et galaxies !

rām rām rām sīyā rām rām rām
śyām śyām śyām rādhē śyām śyām śyām

rām hī rām (Hindi)

rām hī rām sab kuch rām
bhaj lē bandē rām kā nām

Ô Homme, tout n'est autre que Ram, alors, chante le nom de Ram !

janm bhī rām maraṇ bhī rām
dharm bhī rām karm bhī rām
it bhī rām ut bhī rām
tujh mēṅ rām mujh mēṅ rām

Dans la naissance est Ram et dans la mort, Ram est aussi ; la foi est Ram, l'action est Ram. Ici est Ram, là est Ram ! Ram est en vous, et en moi également !

mān bhī rām prēm bhī rām
dhyān bhī rām gyān bhī rām
śravaṇ bhī rām manan bhī rām
sparś bhī rām daras bhī rām

La compassion est Ram. L'amour est Ram. La méditation est Ram, et la connaissance aussi est Ram ! Sravana (l'écoute) est Ram et manana (la contemplation) est Ram. Le toucher est Ram, et la vue est Ram.

andar rām bāhar rām
sūkṣm bhī rām sthūl bhī rām

yukti bhī rām mukti bhī rām
śakti bhī rām bhakti bhī rām

A l'intérieur est Ram, et à l'extérieur est Ram. Le subtil est Ram et le grossier l'est également. Les liens sont Ram et la libération est aussi Ram. La force est Ram, et la dévotion est Ram !

jay jay rām jay jay rām
jay jay rām jay jay rām
jay jay rām rām rāma
jay jay rām rām rāma
jay jay rām rām rāma

Victoire au Seigneur Ram !

raṅg jā tu maiyyā (Punjabi)

raṅg jā tu maiyyā dē raṅg vicc
raṅg raṅg kē raṅg raṅg jāṇā hai

Colorez votre être avec les couleurs de la Mère divine. Colorez votre être jusqu'à vous immerger en Elle.

kudrat nū vēkhā ō maiyyā - tērē
rūp dā cōlā pāyā hai - dil
diyāṅ gehrāyiyāṅ vicc
ehsās dā bīj lagāyā hai
niman hai tērā ō maiyyā - is
sāh vicc sāh pāyā hai
jis muktī nū
jis muktī nū lab lab thakēyā - tērē
caraṇā vicc pāyā hai

La nature magnifique qui nous entoure reflète Ta forme enchanteresse. Tu as semé, au tréfonds de nos cœurs, la graine de Ta présence merveilleuse. Je me prosterne devant Toi, Ô Mère. Brûlant du désir lancinant de d'atteindre, chacune de mes respirations s'est fondue en Ton souffle. La libération que je cherchais, je l'ai trouvée à Tes pieds.

adbhut eh nagmā ō maiyyā – prēm
tērē nē racāyā hai
śabdāṅ dē kērē tō bāhar
maunam nē sajāyā hai
śukar hai tērā ō maiyyā
is sat nū darśāyā hai
is jīvan dā
is jīvan dā sār tu hī
bākī sab ik māyā hai

Ton amour a engendré cette Création merveilleuse, Ô Mère. Elle est née du silence et se situe au-delà des mots. Je Te rends grâce, Mère, de m'avoir révélé cette Vérité : l'essence de cette vie, c'est Toi. Tout le reste est illusion.

raṅg jā raṅg jā raṅg jā raṅg jā
maiyyādē raṅg vicc

Colorez tout votre être avec les couleurs de la Mère divine !

ravikula-tilaka (Sanskrit)

ravikula-tilaka
avikala-phalada
vara-guṇa-nilaya
khara-mada-haraṇa

Ô joyau de Ravikula (les puissants rois de la dynastie solaire,) Tu accordes volontiers de merveilleuses bénédictions. Incarnation de qualités suprêmes. Destructeur de l'ego (le démon Khara.)

rāma śrī rāma – ō rāma
rāma śrī rāma
O auspicious Lord Rama!
atulita-vaibhava
vidhi-bhava-sannuta
madana-manōhara
sadaya-kṛpākara

Ta gloire est inégalable. Brahma, le Créateur, et le Seigneur Shiva Te vénèrent. Tu es le Seigneur superbe qui enchante tous les êtres, répandant sur eux en permanence Ta miséricordieuse compassion.

vibhō rāmacandra
prabhō mānavēndra
rāma.. rāma... rāma...
cidānanda-sindhō
sadārāddhya-bandhō

Ô Seigneur Rama, Tu es l'Absolu omniprésent, suprême parmi les hommes. Ta nature est pure conscience et béatitude. Tu es de nos cœurs l'ami le plus proche, à jamais digne d'adoration.

param dhāma-rāma
varam dēhi rāma
śūra vīra śyāma
prēma-rūpa-rāma

Ô Rama, Demeure ultime, dans Ta bonté, accorde-nous la libération. Courageux et valeureux roi au teint sombre, Tu es l'incarnation de l'amour pur !

Reflect on Life (Anglais)

Reflect on life, life is a story.
The writer is here in all Her glory.
Read every page, a moral shines through,
life's greatest fortune is being with You.

Réfléchis à ce qu'est la vie. La vie est une histoire. L'auteur se tient ici, dans toute Sa gloire. Lisant chaque page, on en retire cette foi : Il n'est, dans cette vie, de plus grande bénédiction que d'être auprès de Toi.

You're always here, living with me,
in silence, dreams, distant memory,
feelings of love, shining bright light,
nature and peace deep inside.

Tu es toujours là, Tu partages ma vie, mon quotidien, dans le silence, dans les rêves, dans les souvenirs lointains, les sentiments d'amour, resplendissante lumière, nature et paix au tréfonds de mon être.

Deep in the page, life is sacred.
You are creation, You weave the web.
Remember truth, life comes alive.
You are the power through time.

Au cœur de la page, la vie est sacrée. Tu es la Création, Tu tisses la toile. Souviens-toi de la vérité, la vie s'éveille. Tu es le pouvoir qui agit à travers le temps.

jagadīśvarī sarvēśvarī
praṇēśvarī mahādēvī
jagadīśvarī sarvēśvarī
praṇēśvarī mahādēvī

Déesse de l'univers, Déesse de toute chose, Déesse de la force de vie, grande Déesse.

ruṭhā hai kyōṅ mērē lāl (Hindi)

ruṭhā hai kyōṅ mērē lāl
ab tō haṅs dē zarā
maiyā kahē sun rē śyām
braj kā tuhē dulārā
itnā bhōlā-bhālā
itnā bhōlā-bhālā

Pourquoi es-tu fâché mon chéri, ne souriras-Tu pas, juste un peu, (à ta mère) ? Maman T'appelle, Ô Shyam, bien-aimé de Vrindavan. Krishna est si charmant et innocent.

ākē galē lag jā rē kānhā
chōḍ de yē gussā
kyā maiyā kē hāthōṅ se
mākhan nahīṅ khānā
ab tō mān lē śyām
ab tō haṅs le zarā

Viens me serrer dans Tes bras, Ô Krishna, laisse de côté Ta colère. N'accepteras-Tu pas un peu de beurre de Ta mère ? Ô Shyam, je T'en prie, radoucis-Toi et souris maintenant.

naṭkhaṭ hai merā kānhā nahīṅ
dahī mākhan curāyā nahīṅ
jhūṭh kahē sab gvālīn nē... hā
itnā bhōlā-bhālā

Mon Krishna n'est pas un vilain garçon, Il n'a sûrement pas volé de beurre. Les vachères mentent. Tu es si charmant et innocent.

tū hai merā nandalālā
mēri āṅkhōṅ kā tārā
itnā tū sundar itnā tū pyārā
sab kē man kō harnē vālā
itnā bhōlā-bhālā

Tu es mon fils chéri, l'étoile resplendissante de mes yeux, si ravissant, si adorable. Tu es le meilleur de tous, si charmant, si innocent.

sācō tērō nām (Hindi)

sācō tērō nām rāmā
jhūṭhē jag kē kām

Ô Rama, Ton nom est l'unique Vérité. Tout le reste en ce monde est illusion.

kyōṅ kartā hē mērā mērā
yūṅ kartā is bhram kō ghanērā
kōyī nahīṅ hai jag mē tērā
ant samay tū jāyē akēlā

Pourquoi accentuer la confusion de ton esprit en répétant sans cesse « je » et « mon » ? En ce monde, nul ne t'appartient. A la fin, il te faudra le quitter seul.

kyā lāyā thā sāth jagat mēṅ
kyā lēkar ab jāyēgā
muṭṭhī bāndhē āyā thā tū
hāth pasārē jāyēgā

En venant au monde, tu n'apportes rien avec toi. Et tu ne peux rien emporter en le quittant. Tu es né les poings serrés, et tu partiras les mains vides.

kyōṅ nahīṅ ātā rām śaraṇ mēṅ
kyōṅ yūṅ jīvan vyarth karē
sauṅp unhē hī jīvan ḍor
rām nām bas mukh sē bōl

Pourquoi ne prends-tu pas refuge en le Seigneur Rama ? Pourquoi gâcher ainsi vainement ton existence ? Offre-Lui ta vie, et chante à jamais Son nom divin.

tērō nām... sācō nām... tērō nām... ik tērō nām...
jay rām sīyā rām jay rām sīyā rām
jay rām jay jay rām

Ô Rama, Ton nom est l'unique Vérité ! Victoire à Ram et à Sita !

sadāśivā mahēśvarā (Malayalam)

sadāśivā mahēśvarā bhaktalōka rakṣakā
tribhuvanēśvarā jagad-nivāsa śrīgirīśvarā

Ô bienveillant Shiva, grand Dieu, Protecteur de Tes dévots, Seigneur des trois mondes, Ô Jagannivasa. Le mont Kailasa est Ta demeure.

arivin ponprabha coriññu antaraṅgam-āke
nin prēma-kīrttanaṅgaḷ pāṭi ujjvalippū mānasam
nin kṛpā-kaṭākṣam-ēttu pūvaṇiññu nilkkuvān
uḷḷil āyiram tarukkaḷ tiṅgi viṅgiṭunnitā
bhava hara hara śaṅkarā pura hara hara śaṅkarā

Mon Soi intérieur rayonne dans la lumière dorée de Ta connaissance. Mon cœur s'enflamme en psalmodiant pour Toi des chants d'amour. Un millier de jeunes arbres se bousculent dans mon esprit ; ils attendent la caresse de Ton regard pour fleurir et s'épanouir.

sāndra-rāgatāḷam-ārnnu pāḍi nṛttam-āṭuvān
hṛdaya-tamburu uṇarnnu śruti pakarnnu
mōdamāy
praṇava-mantram kātil ōti pulkiṭunnu mānasam
ēttupāṭi kāvyanadikaḷ ozhukiṭunnu puṇyamāy
bhava hara hara śaṅkarā pura hara hara śaṅkarā

La tambura de mon cœur attend joyeusement de jouer la musique de Ton chant éternel. Mon cœur embrasse le pranava mantra (om) qui résonne à mes oreilles. De mon âme s'écoulent mille rivières de chants à Ta gloire.

bhakti-gāna-sudhayil onnu cērnn-amarnn-
aliyuvān
arivil-ēri arivu mātramāyi onnu cēruvān
amṛtam-ākkū puṇya-janmam saphalamāy
dhanyamāy
nityataye pulkuvān jīvan-mukti tēḍuvān
bhava hara hara śaṅkarā pura hara hara śaṅkarā

J'aspire à me fondre dans de divins chants de dévotion pour Toi. J'aspire à réaliser la véritable connaissance et à m'unir à elle. Par Ta grâce, puissse cette naissance humaine être ainsi comblée et bénie. Puissé-je embrasser l'éternité et atteindre la libération.

sādi tōjāle (Tulu)

sādi tōjāle satyōda sādi tōjāle
nemmadida sukha badukugu sādi tōjāle
ātmaśakti korulemma kaṣṭolen sahisare
paramapāvane dēvi īrē namaku āsare

Montre-moi le chemin vers la Vérité, montre-moi le chemin vers une vie paisible et heureuse. Ô Mère, donne-moi la confiance dans le Soi qui permet d'endurer les souffrances. Ô Devi pure et sacrée, Tu es mon unique refuge.

nanala bōḍu nanala bōḍu namak panpi āselu
dūramaltuṇḍu manaḥśānti samādhāno
svārttha buddhi uppunaga pōparīr dūranē
divya jñāna bhakti kordu kāpulemma bēkane
mahammāyē paramēśvari dēvi ambikē

Tant de désirs cachés nous tourmentent, dérobant notre paix de l'esprit. Notre mental égoïste sans cesse nous entraîne loin de Toi. Donne-nous la connaissance divine et la dévotion, Ô Mère. Ô Déesse suprême de la grande illusion, Ô ma Mère éternelle, sauve-nous.

jīvanada duḥkhōlegu manassonje kāraṇa
satsaṅga kīrttaneḍe untālemma manassunu
ātma yān śarīro attu panpi bōdha korpadu
dāḍalemma bhava sāgara karuṇāmayi dēvi
mahammāyē paramēśvari dēvi ambikē

Le mental inconstant est l'unique cause des souffrances en ce monde. Répands sur nous la bénédiction de Tes satsangs et kirtans (chants) pour purifier nos esprits, afin que nous nous élevions grâce à la juste connaissance. Aide-nous à traverser cet océan de la transmigration (cycle des naissances et des morts,) Ô Déesse compatissante, suprême Déesse de la grande illusion, Ô ma Mère éternelle.

śakti tū sab jīv (Hindi)

śakti tū sab jīv cētani
śānti tū para brahm rūpiṇi
vāṇī tū catur vēda rūpiṇi
mā catur daś lōk rūpiṇi

Ô Energie primordiale, Tu es la conscience en chaque être vivant. Tu es la paix véritable. Ô Déesse de la parole sous la forme des Védas, Ô Mère, Tu es le monde.

mā tum hī sarv svarūpiṇi
mā tum hī brahm svarūpiṇi
mā tum hī bhaktārttī nāśini
mā tum hī mukti pradāyini

Ô Mère, Tu es le Tout. Tu es l'Ultime, Tu anéantis la souffrance des dévots car Tu es Celle qui accorde la libération.

vaiṣṇavī sab mē virājati hai
śankarī śiv kē priyēśvarī tū
śāradā sab kō jñān pradāyini
rādhikā hari kē rās rasēśvarī

Tu es Vaishnavi, qui réside en tout. Tu es Shankari, la bien-aimée de Shiva. Tu es Saraswati, qui accorde la connaissance et Tu es Radha, la bien-aimée de Krishna.

rañjitē sabkī tum hī jananī
nanditē dil mēṅ sadā rahtī
ham karē bintī sadā tujhsē
bhakti dē hamkō kṛpā kar kē

Ô Mère, Tu es Celle qui nous enchante et qui vit dans nos cœurs. Nous T'implorons : accorde-nous la bénédiction de la dévotion.

ambē... jagadambē... jagadambē...
jagadambē mā... jagadambē mā...

Ô Mère, Ô Mère de l'univers

samasta līḷārē (Odiya)

samasta līḷārē pūri rahi acha āhā
māyāra hi rūpa tūmo svarupa hi māyā
prabhāmayī mā gō tūmē mōhari jībanē
usā hōi vikiraṇa kiridia prabhā

Tu es présente en chacune de Tes lilas. Tu es la forme de Maya. Ô Mère resplendissante, je T'en prie, viens dans ma vie et illumine tout, tel le soleil levant.

sannidhi tūmara jēbē ēhi prāṇa pāē
apūrba prēma srōtarē abagāhi jāē
tūmari dibya tējarē nitya līna hōī
bhaba-duḥkha rāji mōra jāu āji bohi

Lorsque mon âme ressent Ta présence, je suis immergé dans un flot d'amour pur, absorbé dans la lumière divine. Efface les souffrances de cette existence terrestre.

mā gō... mā gō... mā gō... mā gō...

Ô Mère

tūmaku khōji pāibi mō ādhāra bindu
ē pathika bāṭabaṇā kāhi kētē dinuṅ
paramānandara bara pāu mōra ātmā
jībana sārthaka mōra kari diā ammā

Ô Source de mon existence, combien de temps vais-je devoir errer à Ta recherche ? Ô Mère, en m'accordant la béatitude suprême, répands Ta bénédiction sur ma vie.

taba darasana mō ēkāī āsā bhabē
ākuḷē ḍākuchi mā diya dēkhā ēbē

Mon seul désir est d'obtenir Ta vision. Ô Mère, je T'en prie avec ferveur, apparais devant moi !

śēr tē savār āyī (Punjabi)

śēr tē savār āyī
ban kē bahār āyī
baldē saṇ sār vic
ṭandhī phuhār āyī

Comme le printemps, Elle est venue, chevauchant un lion. Dans la fournaise de ce monde, Elle vient telle une brise fraîche.

jay mātā dī jay mātā dī
jay mātā dī jay mātā dī
jay mātā dī jay mātā dī

Victoire à la Déesse mère !

vēkhō lōkō ajab najārā
mādā darbār pyārā
mōkā nā gavāvō lōkō
caraṇā dā lēlō sahārāb
gyān hōr pagtī dā
ban kē avatār āyī
ditā satsaṅg sānu
sēvā dī rāh dikhāyī

Ho là, vous tous ! Regardez ce spectacle merveilleux du darbaar aimant de Mère (le palais où réside Mère.) Ne manquez pas cette divine occasion ! Prenez refuge aux pieds de lotus de Mère, vous recevrez leur aide. Incarnation de la Connaissance et de la Dévotion, Mère est venue. Elle nous dispense Ses paroles de sagesse et nous montre comment servir le monde. Jai Mata Di (Victoire à la Déesse mère.)

sārē jag tō lōkī āndē
mādā āśīś pāṇ dē
mādiyā pēndā gāṇ dē
raj kē khuśī manōṇ dē
pagtā nu ṭarśan dēndī
unāntē dē duḥkh har-lēntī
gur dā rūp tāran karkē
pav sāgar pār lagāndī

Les gens viennent du monde entier, pour recevoir les bénédictions de Mère. Ils chantent des bhajans, et trouvent la joie en Sa présence. Mère donne le darshan à tous les dévots et dissipe leurs souffrances. Sous la forme du guru, Elle guide Ses dévots et leur fait traverser l'océan du samsara.

śibjē bhōlā (Bengali)

śibjē bhōlā monjē khōlā śibērmōtō nāc dēkhi
śōṣān ghāṭē ghūrē bērāy, cāy mēkhē ēy pāgōlṭi
śibjē nācē apōn tālē, śibēr mōtō mōnpābi
joyrē bhōlā bom bom bhōlā joy bhōlēnāth śambhōji

Shiva est simple et Il a un esprit ouvert. Avez-vous déjà contemplé une danse comme celle de Shiva ? Il court autour du bûcher funéraire, le corps recouvert de cendre. Shiva danse à son propre rythme, mais obtiendrez-vous un esprit aussi pur que celui de Shiva ? Victoire à l'innocent Shiva.

pārbōtitāy rūp bhulē bhāy, śibēr kāccē jāyēbuji
pāglā bhōlā apon bhōlā āmiyōtārē tāykhuji
śib śibānir roṅ dēkhē nāc-nācē-nāc nikhil bhōr
śēy tālētē tāldiyēci nāci āmi rātri bhōr
joyrē bhōlā bom bom bhōlā joy bhōlēnāth śambhōji

La Déesse Parvati oublie sa beauté pour courir, en quête de Shiva. Shiva le fou, l'innocent Shiva ! Je m'efforce moi aussi de Le trouver. En contemplant la danse de Shiva et de Shivani, tous se joignent à la Danse divine. Nuit et jour, épousant le rythme de Ses pas, je danse moi aussi. Victoire à Celui qui est innocent. Victoire à Shiva !

jōṭādhāri śibjē cārā ārjē kīccu nāy rē mōr
ḍulē ḍulē biśvaghōrē mōn pāglā bhōbhēr ghōr
mōn bōbāni pāglē śāmi pār kōrāv mā bhābēr ḍōr
mā jē bhōlē hātjē tulē nāc-nāc-nāc nācrē jōr
joyrē bhōlā bom bom bhōlā joy bhōlēnāth śambhōji

Sans Shiva, mon Seigneur aux cheveux emmêlés (qui est au-delà des choses du monde,) je ne suis rien. La danse divine de Shiva enivre mon esprit. Mon esprit est Bhavani et mon Bien-aimé est le fol et ascétique Shiva. Arrache-moi, maintenant, à ce monde d'illusion insensé. Prends le nom de Mère, et lève les mains en prière. Danse, danse, danse en extase. Victoire à Celui qui est innocent. Victoire à Shiva !

joy rē bhōlā śambhōji – bom bom bhōlā śambhōji

Victoire à Celui qui est innocent ! Victoire à Shiva !

siṭrinbam nāḍum (Tamil)

siṭrinbam nāḍum sirumatiyinai
sīrākki sīrārum pērariviṇai
aḷḷittarum annaiyē arpudamē
porpadamē em narpadamē

Ô Mère, Tu nous accordes généreusement la Connaissance suprême afin de dompter notre esprit ignorant, qui persiste à rechercher les plaisirs du monde. Tes pieds sont notre unique refuge.

vazhikāṭṭa nīyum marandu-viṭṭāl
vazhimāri ēngō pōy viḍuvōm
tagudi illāmal irundālum
un tāḷgaḷ nāḍi vandōmē

Si tu oublies de nous montrer le chemin, nous nous égarerons. Bien que nos mérites soient insuffisants, nous venons en quête de Tes pieds de lotus.

gativēṇḍi ēngum unsēygaḷ
vidhitūṇḍum vazhiyil sellāmal
madi mayakkam tannai teḷivākki
ativēgam undan tāḷsērppāy

Tes enfants se languissent de trouver un refuge. Nous T'en prions, ne nous laisse pas suivre le mauvais chemin. Accorde la clarté à nos esprits confus, afin que nous nous abandonnions vite à Tes pieds de lotus.

azhiyāda ānandam taruvāḷ
annayiḍam tañcam aḍaindiḍuvōm
nilayillā ulagil irundālum
nilayāna tuṇaiyāy irundiḍuvāḷ

Prenons refuge en notre Mère. Elle nous accordera la béatitude éternelle. Elle sera notre protectrice permanente dans ce monde impermanent.

śiva śiva śiva śiva uraittiḍuvāyē (Tamil)

śiva śiva śiva śiva uraittiḍuvāyē
bhava-bhayam tīrndiḍa śivamayam angē
śiva śiva śivāya bhava bhaya harāya

Chanter « Shiva-Shiva » anéantit la peur du cycle de la naissance et de la mort ; ensuite, on perçoit le Divin en toute chose. Salutations au Seigneur Shiva, qui détruit la peur du cycle des naissances et des morts.

aruḷ aruḷ aruḷ ena aruḷpasi koṇḍāl
uṇarndiru uṇavadē pusi adai enbān
kaṭinam ayyā uṇarndiruppadu endrāl
undudal nān uṇḍu sulabham adenbān

Aux désespérés qui ont faim de Sa grâce, Il dit : « Soyez conscients. La conscience est la nourriture. Prenez-en votre part. » Si vous dites que vous n'êtes pas capable d'atteindre la conscience, Il répond, « Je suis là, avec vous, pour vous inspirer ; ainsi vous l'atteindrez aisément. »

ulaimanam ulagiyal viṣayattil tōyndāl
nijamalla udariḍu tuccham adenbān
kaṭinam ayyā manam velvadu endrāl
tuṇai ena nān uṇḍu bhayam edarkkenbān

Lorsque le mental vagabond se perd en quêtes vaines et futiles, Il dit : « Rejetez les objets de ce monde car ils sont sans valeur. » Si vous dites que vaincre le mental est difficile, Il répond : « Pourquoi nourrir de la crainte, quand Je suis là pour te soutenir ? »

śivōham śivōham (Hindi)

śivōham śivōham
śivōham śivōham
pūrṇ hī bhītar pūrṇ hī bāhar
pūrṇ hī chārōṅ ōr
bhēd nahīṅ bhītar bāhar kā
sarvānand cahuṅ ōr

Je suis Shiva. Je suis plénitude à l'intérieur, plénitude à l'extérieur, plénitude dans toutes les directions. Il n'existe aucune différence entre l'intérieur et l'extérieur. Partout est la béatitude.

khālī nahīṅ yē śūnya hai pūraṇ
kartā na kōyī kāraṇ
ēk hī tattv sarvatr samāyā
uskī kōkh sē āyā – jag
uskī kōkh sē āyā

Le vide est en fait plein, et non vacuité. Personne ne fait la moindre action, il n'existe pas de cause. Un seul et unique Principe imprègne toute chose. Et de sa matrice a émergé cet univers.

nāṭak uskā mañc bhī vō
har bhūmikā bhī hai vō
kāhē na samjhēṅ na jīv hai ham?
saccidānand rūp hai ham
saccidānand rūp hai ham

La pièce est écrite par le Suprême. La scène où elle se déroule est également Sa création. Il joue tous les rôles. Pourquoi ne comprenons-nous pas que nous ne sommes pas cet individu ? Notre être réel est Sat-chit-ananda (Existence-Conscience-Béatitude.)

sumadhura sundara (Sanskrit)

sumadhura sundara muraḷi vinōdana
kaḷayamunātaṭa cāri harē
naṭavara nūpura-dharaṇa manōhara
vrajayuvatī-manahāri hare

Ô Seigneur, en flânant sur les rives de la rivière Yamuna, Tu joues une douce mélodie sur Ta flûte. Ô Seigneur, par Ta danse magnifique et le charmant tintement de Tes bracelets de chevilles, Tu captives le cœur des jeunes filles de Vraj.

hasita-mukhāmbuja natajana-pālana
śritajana-pālana-śīla harē
maṇimaya nūpura-kankaṇa dhāraṇa
manalaya-kāraṇa dēva hare

Ô Seigneur, Ton visage souriant est pareil à un lotus. Tu protèges le juste et ceux qui prennent refuge en Toi. Ô Seigneur, Tu portes aux poignets et aux chevilles des bracelets incrustés de pierres précieuses et Tu dissous également le mental.

bāla harē gōpāla harē – jaya
mādhava dīna-dayāla hare

Ô Enfant divin, Ô jeune vacher, Ô Seigneur de la Déesse Lakshmi et protecteur des êtres déchus !

śaśimukha śrīdhara mangaḷa-lōcana
hāra-mukuṭadhara dhīra harē
śrīramaṇī-mukha-pankaja bhāskara
śrīrādhāpriya sādhupatē

Ô Être de sagesse, Ton regard est propice et Ton visage semblable à la Lune. Tu es paré d'une guirlande et d'une couronne ; la déesse Lakshmi réside dans Ton cœur. Son visage s'épanouit comme un lotus en contemplant Son Seigneur éblouissant. Radha T'adore, Ô protecteur du juste.

yadukula-nāyaka yavanaharā jaya
yatikula-pūjita śrīla harē
atimṛdu-bhāṣaṇa cirasukha-dāyaka
vrajajanamōhana pāhi hare

Ô chef du clan des Yadus, Tu as tué le démon Kalayavana. Ô Être bienveillant, toute la lignée des saints Te vénère. Tu parles avec douceur et accordes à tous le bonheur éternel. Ô Seigneur qui enchanta les habitants de Vraj, je T'en prie, sauve-moi !

sun mēri mayyā (Hindi)

sun mēri mayyā māt bhavāni
jag janani mahārāṇi
vinati sunō kalyāṇi

Écoute, Ô ma Mère Bhavani, Mère de l'univers, Ô Impératrice ! Écoute ma prière.

bīt gayē aisē janm yē kitnē
rahā tēri khōj mēṅ sadā
aur na rakhnā dūr mā mujhkō
ab tō galē sē lagālō... mā
mamtā mēṅ nehlā dō

Combien de vies ai-je passées ainsi ? Toujours, je reste là, à Te chercher en vain. Ô Mère, ne me tiens pas plus longtemps éloigné. Désormais, garde-moi près de Toi. Baigne-moi dans Ton amour !

kehlānē kō tērī santān
guṇ mā kōyi mujh mē nahīṅ
bālak cāhē hō jaisā bhi
mā mē hai karuṇā hī
karti hai vō kṣamā hī

Je n'ai pas de mérite. Je n'ai aucune qualité exceptionnelle pour qu'on m'appelle Ton enfant. Mais quel que soit l'enfant, la Mère n'a pour lui que de la compassion et pardonne toujours.

ājāvō, mātē darśan dō...

Viens, Ô Mère, accorde-moi Ton darshan !

tabōnām (Bengali)

tabōnām gānē bhōrē thāk prāṇē
aśiṣō kuśumō śatōdōl
tabōnām dhēnē cūvē jāk mōnē
prēmērō porōśō karōtal

Puisse Ton nom remplir ma vie. Comme le lotus béni s'épanouit, puisse Ton nom toucher mes prières et faire s'épanouir en moi la fleur de l'amour.

ēśōhē mohārāj ēśō ēśō nāth
śāth dāu tumi ōgō dhārō mōr hāth
tōmārō śaṅgē raśōtaraṅgē
bādhā hōk hṛd-kamal
bādhā hōk hṛd-kamal

Viens, Ô Roi des rois. Viens, viens, Ô Maître ! Sois avec moi, tiens-moi la main. Tandis que je joue la rasa divine avec Toi, puissent Ton cœur et le mien demeurer enlacés.

kikhēlā khēlēcō hori hai mōr
dāuni tō kōnō poricōy
āmār jibōnē tomārō praśārō
śēyi ṭuku śañcōy

Ô espiègle Hari, quel jeu divin Tu as joué, sans même m'en avertir ! Quoi que Tu m'aies accordé au long de mon existence, cela seul est mon trésor.

ebār bēlā hōlō śārā hōlō khēlā
pāṭ gōṭānōr eśēcē jē pālā
tōmārō nāmkhāni amṛtōbāṇi
śēy hōk mōr śombhōl
śēy hōk mōr śombhōl

Maintenant que le jeu est terminé, il est temps de se préparer à partir. Ton doux nom est immortel. Puisse cette pensée être mon unique soutien.

tallī vallī kalpavallī (Telugu)

tallī vallī kalpavallī

Ô Mère, Tu es l'arbre magique, qui exauce tous les vœux !

nēnu puṭṭitinō ōyamma nīke telusu
nā talli nanu kaninā nākēmi telusu
jīvuḍu nēnamma karma-bandhamulu mānpu
śivarūpi nīvamma bādhalanu mānpu

Suis-je né ? Ma mère m'a-t-elle donné la vie ? Je ne suis qu'un jiva (âme individuelle.) Tu es l'essence même du Seigneur Shiva. Je T'en prie, dissous tous mes liens karmiques et élimine les obstacles sur mon chemin spirituel.

nā prāṇa sañcayamu chinnā bhinnamu – nē
paḍē vēdanalu parvata tulyamu
nā vyathalu durvidhulu vivarimpa taramā – dayā-
nidhivammā nī centa cērcukō

Mon prana (souffle vital) est irrégulier. Mes problèmes ont la taille d'une montagne. La souffrance est mon lot. Comment puis-je T'exposer mes problèmes ? Tu es une mine inépuisable de compassion. Je T'en prie, attire-moi près de Toi.

tappulē yeñcani vātsalya-mūrtivi
giriputri prāṇadā yōgadā sarvadā
kailāsa nilayē pārvati ambā
vaikuṇṭha vāsini ō lakṣmi ambā

Ô Incarnation de la compassion, Tu ne vois pas mes fautes. Fille de la montagne (Parvati), Tu accordes tout, y compris le yoga (union avec Dieu) et le prana (souffle vital). En tant que Déesse Parvati, Tu résides au Mont Kaïlash, la demeure du Seigneur Shiva. Et Tu résides à Vaikuntha, la demeure du Seigneur Vishnu, sous la forme de la Déesse Lakshmi.

tañjamena vandōm (Tamil)

tañjamena vandōm dayaipuri vēlā
vañjamilā neñjamadil mañjam koḷḷa vārāy

Ô Seigneur Muruga, Être d'absolue compassion, nous prenons refuge en Toi. Je T'en prie, réside dans ce cœur pur.

arivirkk-aṇisēr aranār maganē
piravi-piṇitīr piraiyōn maganē
turavigaḷ paṇiyum maraiyin poruḷē
iruvinai nīkkum saravaṇa-bhavanē

Ô Fils du Seigneur Shiva, renforce ma sagesse et guéris-moi de cette maladie : l'attachement au monde. Ô Essence des Védas, les saints chantent Tes louanges. Ô Sharavana (autre nom de Muruga,) efface en moi à la fois le péché et le mérite.

anpin vaḍivē arivin suḍarē
iruḷadu nīngi oḷiyum peruga

Ô Incarnation de l'Amour, puisse la lumière de la sagesse dissiper les ténèbres de mon ignorance.

aḍiyārkk-aruḷ sēr jñāna-kumarā
eḷiyār maruḷtīr śakti-kumarā
oruvāy mozhiyilai unpēr anḍri
varuvāy vēṇḍiḍa manadil onḍri

Ô Incarnation de la sagesse et de la force, répands Ta grâce sur ce malheureux enfant et dissipe sa peur. Que seul Ton nom vienne occuper mon esprit, telle est mon unique prière.

inbam tunbam immai marumai
irumai akanḍru orumai uṇara

Aide-moi à transcender la joie et la souffrance, la naissance et la mort, et éveille en moi le sens de la non-dualité.

vēlvēl murugā veṭrivēl murugā
śaktivēl murugā jñānavēl murugā

Victoire à Celui qui brandit la lance, à Celui qui est puissant et sage.

teccippū piccippū (Malayalam)

teccippū piccippū onnonnu cērttu ñān
prēmattil kōrttoru mālayuṇḍu
cembakaccēluḷḷa koṇḍayil cērkkānāy
kōla mayilppīli vērēyuṇḍu

J'ai confectionné une guirlande de fleurs de techipu (chrysantus, une petite fleur rouge) et de jasmin, enfilées sur un fil d'amour. Pour orner Tes cheveux, j'ai apporté une plume de paon qui ressemble à une fleur de champa.

ōṭattaṇḍ-onnilāy kinnari-toṅgalum
mañña pizhiññuḷḷa paṭṭum-uṇḍu
ōṭi vāyōṭi vā ōmana-kkaṇṇā nin-
pūmēni kāṇuvān vembalāyi
pūmēni kāṇuvān vembalāyi

J'ai orné une flûte en bambou d'un joli pompon, et voici un vêtement de soie jaune. Ô bien-aimé Kanna, viens, accours ! Je me languis de voir Ta forme ravissante.

pālilāy kalkkaṇḍam-iṭṭuḷḷa pāyasam
pāzhāyi-ppōkum nī vannillenkil
nannāy-kaṭaññu ñān cērtta naruveṇṇa
uṇṇuvān-uṇṇi nī vanniṭēṇam

Si Tu ne viens pas, le payasam au lait sucré se gâtera. Ô, Tout-petit, Tu devrais venir déguster le beurre frais que j'ai baratté pour Toi.

kūṭṭattil-uḷḷa nin caṅgātimārkk-ellām
kūṭe-kkazhikkān-uṇḍ-uṇṇiyappam
ōṭi vāyōṭi vāyenn-uṇṇikkaṇṇā nin-
kālaṭi muttuvān vembalāyi
kālaṭi muttuvān vembalāyi

J'ai préparé des unniyappam (friandise sucrée) pour en donner à tous Tes amis. Accours, Ô mon petit Kanna ! Je me languis d'embrasser Tes pieds.

cemmē paśukkaḷe tēṭi-tteḷikkām ñān
kūṭṭukār-entinu nammaḷ pōrē
maṇṇappam cuṭṭu nī tannīṭum-eṅkilō
maṇṇum ñān tinniṭum uṇṇikkaṇṇā

Lorsque Tu emmèneras les vaches paître, je T'accompagnerai. Il suffit que nous y allions ensemble, Toi et moi. Nul besoin que Tes autres amis viennent. Ô mon petit Kanna, si Tu prépares et m'offres un gâteau fait de boue, je mangerai même de la boue !

uḷḷil taḷattil-uriyilē pālkkuṭam
uṇṇikkuṭaykkuvān tanne veykkām
ōṭi vāyōṭi vāyen kaḷḷakkaṇṇā nin-
pūmēni pulkuvān vembalāyi
pūmēni pulkuvān vembalāyi

Je conserverai un pot de lait au tréfonds de mon cœur juste pour que Tu viennes le casser ! Accours, Ô mon petit voleur bien-aimé ! Je me languis d'étreindre Ta forme ravissante.

tēḍi tēḍi (Tamil)

tēḍi tēḍi ōḍi vandēn kaṇṇapirānē – unnai
kāṇāmalē vāḍi nindrēn kaṇṇapirānē
māḍukaḷai mēykkavēṇḍi āsai koṇḍīrō
kāḍu malaikaḷellām suttri vandīrō

Ô Krishna, j'ai couru en tous sens à Ta recherche. Incapable de Te trouver, je suis découragée. As-Tu emmené les vaches paître ? Ou bien es-Tu allé vagabonder dans les bois et les collines alentour ?

anḍrorunāḷ draupadikku āḍai tandīrō
mattrorunāḷ maṇṇaittindru kāṭci tandīrō

pinnorunāḷ pāmbin mīdu āḍi ninḍrīrō
vēṇugānam seydu ennai makizhacceyvīrō

Un jour, Tu as allongé indéfiniment le sari de Draupadi. Un autre, Tu as mangé de la boue, puis Tu as ouvert la bouche pour y révéler l'univers. Un autre jour encore, Tu as dansé gracieusement sur les têtes de l'hydre, le serpent aux multiples têtes, et réjoui nos cœurs par la douce mélodie de Ta flûte.

karuṇaiyuḍan kāttiḍuvāy kaṇṇapirānē
annaiyum nī tandaiyum nī ādarippāyē

Ô Krishna, manifeste Ta compassion et protège-nous. Tu es notre mère et notre père. Nous T'adorons !

tērā darśan karnē (Punjabi)

jay kārā śērāvālīdā... jaykārā mērāvālīdā
jay kārā lāttāvālīdā... bōl sācē darbār dī jay

Victoire à la Mère qui chevauche le lion. Victoire à Celle qui accorde des bénédictions. Victoire à l'univers tout entier qui est Ton jardin.

tērā darśan karnē, tērā darśan karnē
mā tērā darśan karnē, tērā darśan karnē

Nous avons soif de Ton darshan, Ô Mère.

asī dūrō calkē āyē
tērā darśan karnē māyē
pērāvic pēgayē chālē
phirvi asi paj paj āyē
tērā darśan karnē, tērā darśan karnē

Nous sommes venus de loin, en marchant, pour recevoir Ton darshan (tradition indienne consistant à marcher et escalader des montagnes jusqu'aux temples sacrés de Ma Durga.) Malgré les ampoules aux pieds, nous avons parcouru tout le chemin.

kōl sānu bulāle m
galē sānu lagālē mā
ik hōjāvāṅke phir mā jīv parmātmā

Appelle-nous à Toi et prends-nous dans Tes bras, afin que nos âmes individuelles puissent s'unir au Suprême.

ō tērā darśan... ōhō, ō tērā darśan... āhā
tērē darśan dē pyāsē mā, ō śērāvāli mā...
tērā darśan karnē, tērā darśan karnē...

Nous avons soif de Ton darshan, Ô Mère qui chevauche le lion. Nous avons soif de Ton darshan, Ô Mère.

mā tū avtār hai
terī karuṇā aparampār hai
pavsāgar tō pār karaṇ nu
kāphī tērā pyār hai

Ô Mère, Tu es une Incarnation divine. Ta compassion est sans égale. Ton amour suffit à nous faire traverser l'océan de la transmigration.

tērē vicc maiyā (Punjabi)

tērē vicc maiyā maiyā vicc tū
paramēhēsās jagālēy tū
paramānand dī amṛt dhārā vicc
rōmrōm jagālēy tū

« Mère est en vous, et vous êtes en Mère. » Eveillez-vous à la Vérité suprême qui réside en vous. Puisse chacune de vos cellules s'éveiller à la béatitude suprême.

jis miṭinū... kuṭkuṭ hasēyā
ōmiṭī ik din hasēgī
jis jīvan tē mānhē tēynū
ik din lēykē vōhasēgī

Ô Homme, comme le potier pétrit la terre en riant, souviens-toi qu'un jour, la terre rira elle aussi. Un jour, cette terre reprendra possession de ton corps, dont tu tires une si grande fierté.

palpal dī kī... mat tū samajhī
palnā kōyī gavāyī tū
mādē karuṇā sāgar vicc
bandē līn hō jāyītū

Ô Homme, comprends la valeur de chaque instant. Sans perdre une seule seconde, fonds-toi dans cet Océan de compassion.

The pendulum of life (Anglais)

The pendulum of life swings back and forth
but the mind can be stilled by efforts put forth.
Practicing this, let me call out to you with love.

Le pendule de l'existence, d'avant en arrière, sans cesse se balance, mais le mental, en fournissant les efforts nécessaires, peut être apaisé. Laisse-moi, tout en accomplissant cette pratique, T'appeler avec amour.

amma amma amma amma

Devotion to you, service to you
crying to you, praying to you—
By fixing my mind always on you
I'll see there's no distance between me and you.

En développant la dévotion pour Toi, en œuvrant à Ton service, en pleurant pour Toi, en T'adressant mes prières – En fixant mon esprit sur Toi en permanence Je découvrirai qu'entre Toi et moi, aucune distance n'existe.

The things of this world, in a moment disappear.
What is forever ours is already so near.
Remembering this, let me call out to you with love.

Les choses de ce monde, en un instant, disparaissent. Ce qui nous appartient éternellement est déjà si proche. Me souvenant de cela, laisse-moi T'appeler avec amour.

Despite all my efforts, like a drop in the sea,
your grace is what counts when death comes for me.
Knowing this, let me call out to you with love.

En dépit de tous mes efforts, je suis pareille à une goutte d'eau dans la mer, Ta grâce seule comptera quand la mort viendra, Sachant cette vérité, laisse-moi T'appeler avec amour.

The World Reels (Anglais)

The world reels in the darkness of pain.
Past actions are choking us now.
Let us step out of this deep darkness
and light the small lamp of love.

Le monde chancèle dans l'obscurité de la souffrance. Les actions passées nous étouffent. Sortons de cette obscurité profonde et allumons la petite lampe de l'amour.

Let's come together, let's come together.
Ignite the inner light—
a lamp of hope,
a lamp of compassion,
a lamp of unity.

Unissons-nous, unissons-nous. Allumons la lampe intérieure – une lampe d'amour, une lampe de compassion, une lampe d'unité.

How can I end this terrible darkness
with this tiny lamp of mine?
If each one lights the lamp of our hearts,
the world will sparkle and shine.

Comment puis-je chasser cette terrible obscurité avec cette minuscule lampe qui est la mienne ? Si chacun de nous allume la lampe de son coeur, le monde brillera et resplendira.

Let's come together, let's come together.
Ignite the inner light—
a lamp of goodness,
a lamp of knowledge,
a lamp of selflessness.

Unissons-nous, unissons-nous. Allumons la lampe intérieure – une lampe de bonté, une lampe de connaissance, une lampe d'altruisme.

Let us lead a life of awareness
where no one is left behind,
where love will heal, both man and nature,
and wisdom will prevail.

Menons une existence éclairée par la conscience, où personne n'est laissé de côté, où l'amour guérira à la fois l'Homme et la nature, et où la sagesse prévaudra.

Let's come together, let's come together.
Ignite the inner light—
a lamp of right thinking,
a lamp of right action,
a glow at the right time.

Unissons-nous, unissons-nous. Allumons la lampe intérieure – une lampe de la pensée juste, une lampe de l'action juste, une lumière qui éclaire au moment juste.

Divine Mother, Divine Mother!
Bless us with your grace.
where selfless action and compassion
guide us all the way.

Mère divine, Mère divine ! Répands-sur nous Ta grâce. Que la compassion et l'action désintéressée nous guident tout au long du chemin.

tīn guṇōṅ kī (Hindi)

tīn guṇōṅ kī tērī kāyā
tīn guṇōṅ kī māyā
jag jīvan tū jaisā samjhē

tērē man kī chāyā

Ton corps est fait de trois gunas, et Maya aussi est composée de trois gunas. La façon dont le monde et la vie t'apparaissent est une projection de ton propre esprit.

bandē... bandē...
bandē... bandē...

Ô Homme...

khōj rahā bāhar tū jiskō
vāsī antar man kā
rūp samāyā ēkahi sab mēṅ
tūnē hī bilgāyā

Ce que tu recherches à l'extérieur est en toi. Une seule et même Conscience imprègne tous les noms et toutes les formes ; c'est toi seul qui crées les différences !

tēri tṛṣṇā buntī rahtī
jāl tērē bharmōṅ kā
bhāv sabhī sukh-duḥkh kē prāṇī
upaj tērē karmōṅ kē

Seul ton désir tisse la toile de tes illusions. Tes propres actions engendrent ton bonheur et ta souffrance.

apnī mastī kā tū hī kāraṇ
tū hī khud kō rulātā
masti kē us ghaṭ kō ākhir
kāhē tū chalkātā

Toi seul causes ta joie et toi seul, ton malheur. Pourquoi rejettes-tu la joie et le bonheur qui sont ta nature (de béatitude) ?

toṭṭuṇartti (Tamil)

toṭṭuṇartti en manadai kaṭṭiyiḍu tāyē
pattradanai nīkki māya kaṭṭ-avīzhttiḍāyō

Par Ta divine caresse, je T'en prie, éveille mon Soi et maîtrise mon esprit agité. Ne me délivreras-Tu pas de mes attachements ? Ne me libéreras-Tu pas des chaînes de l'illusion ?

caraṇam tēḍi vandavarin iḍargaḷai takarttu nī
talaiyai tāzhttumbōdu abhaya karamtanai uyarttuvāy
maruḷilē kiḍandu kālam iruḷaiyē vidaikkavō
arivilē amarndu tāyē oḷiyena tazhuvu nī

Pour ceux qui cherchent refuge en Toi, Tu es Celle qui élimine les obstacles. C'est seulement si la tête s'incline avec révérence que Tu tends Tes mains gracieuses pour nous donner refuge. Ô Mère, j'ai été leurré et j'ai vécu dans l'illusion durant de nombreuses années. Dois-je continuer à me complaire dans les ténèbres ? Je T'en prie, allume en moi la lampe de la Connaissance et caresse-moi de Ta divine Lumière.

janana-maraṇapiṇi bhayakkum arugil nī irukkavē
nigarillāda tāymaiyālē tuyargaḷai tuḍaikkavē
parama ātmaśaktiyāy irundu aruḷ pālikkum
janani nityakanniyē dariśanam tarum śāntiyē

En Ta présence, même la maladie de la naissance et de la mort craint de s'approcher. Ton amour maternel est sans égal. Tu essuies les larmes des dévots. Tu es le Tout-Puissant qui accorde Sa grâce. Ô Mère, Ô Vierge éternelle, la seule vue de Ta divine forme nous apporte la paix.

tuḷaśīmāḷā gaḷā (Marathi)

tuḷaśīmāḷā gaḷā ubhā viṭhōbā sāvḷā
paṇḍharī nāthā śrī raṅgā
viṭṭhal pāṇḍuraṅgā
viṭṭhal viṭṭhal pāṇḍuraṅgā viṭṭhal viṭṭhal
pāṇḍuraṅgā

Le Seigneur Krishna, au teint sombre, se tient debout, le cou paré d'une guirlande de tulasi. Victoire au Seigneur Vithala, le Seigneur de Pandari et de Sriranga !

bhakt puṇḍalikā gharī ubhā viṭṭhal viṭṭēvarī
avataralī karuṇā gaṅgā
jay jay viṭṭhal pāṇḍuraṅgā
viṭṭhal viṭṭhal pāṇḍuraṅgā viṭṭhal viṭṭhal
pāṇḍuraṅgā

Tu te tiens sur une brique dans la maison de Pundalika (une dévote.) Tu es le Gange de la compassion. Victoire au Seigneur Vithala, le Seigneur de Pandari et de Sriranga !

ā ī rakhumāī vāmāṅgī candrabhāgā caraṇālāgī
santāciyā jīvalagā
jay jay viṭṭhal pāṇḍuraṅgā
viṭṭhal viṭṭhal pāṇḍuraṅgā viṭṭhal viṭṭhal
pāṇḍuraṅgā

Mère Rukmini se tient à Ta gauche. La rivière Chandrabhaga coule, touchant Tes pieds sacrés, Ô Krishna, Ami des malheureux. Victoire au Seigneur Vithala, le Seigneur de Pandari et Sriranga !

śrīharī saguṇ sākār sarv sukhācē āgār
dēī bhaktisukh apār
jay jay viṭṭhal pāṇḍuraṅgā
viṭṭhal viṭṭhal pāṇḍuraṅgā viṭṭhal viṭṭhal
pāṇḍuraṅgā

Sri Hari est l'incarnation même de bonnes qualités. Il est le trésor au cœur de tout bonheur et de tout réconfort. Il nous accorde la joie intérieure de la dévotion. Victoire au Seigneur Vithala, le Seigneur de Pandari et de Sriranga !

viṭṭhal viṭṭhal viṭṭhal viṭṭhal viṭṭhal viṭṭhal
pāṇḍuraṅgā
viṭṭhal viṭṭhal viṭṭhal viṭṭhal jay jay viṭṭhal
pāṇḍuraṅgā

Victoire à Vithala, victoire à Panduranga !

tūyi kālō (Bengali)

tūyi kālō mōśi mīkhē kāḷi
jāgōt bhōlāś kīśēr tōrē
jāniś nākō katośātō
ārtiṭākē śākār torē

Ô Kali, pourquoi Te recouvres-Tu de suie sombre, tout en jouant le jeu de l'illusion ? Sais-Tu, Ô joueuse Kali, que des multitudes implorent Ta miséricorde ?

pāyēr nupur tālē tālē
kiśēr cōndē duliś rēmā

ki ānondē jogōt rōciś
kiśēr jāl rē buniś rōmā

Les pieds ornés de bracelets de cheville, sur quel air danses-Tu ? Dans quel état de joie crées-Tu ce monde, Ô Ma ? Quel est ce filet, Ô Roma ?

ālō dhēkē kālō bhōniś
khēlā khēliś anontō kāl
śōṅśār ki dhādhāy jōrāś
ē tōr kī māyā jāl

De Ton obscurité, Tu recouvres la lumière. Jusqu'à l'éternité, Tu joues. Pourquoi créer ce mystère du samsara ? Quelle est l'utilité de cette maya ?

ṣibēr śātē cukti kōrē
mukti ēbār dē mā dēkhi
tōr bhubhōn bhōrā bhālōbāśār
prōkāś bhōrā ruptā dēkhi

A présent, Ô Ma, fais pour moi un pacte avec Shiva. Accorde-moi la réalisation. Sous une forme éternelle, je contemplerai le monde de Ta divine béatitude !

tyāga diyā tūnē (Hindi)

tyāga diyā tūnē vraja kō giridhar
bani mathurā tujhē pyāri rē
kal tak jō thī pyāri rādhā
āj bani kyōṅ parāyī rē

Giridhara, Tu as quitté Vrindavan. A présent, Mathura est devenu cher à Ton cœur. Hier encore, n'étais-je pas Ta « bien-aimée ? » Mais alors, comment suis-je aujourd'hui devenue une étrangère pour Toi ?

nisa dina tōḍī dahi kī maṭkī
tōḍ diyā āj dil kō rē
tērē liyē sab khēl hē giridhar
duḥkha na jānī mōrī rē

Chaque jour, Tu brisais des pots de beurre. Briser mon cœur ne T'a pas semblé très différent. Pour Toi, tout ceci n'est qu'un jeu ; Tu ne connais pas ma souffrance.

hē giridhārī hē avatārī
rādhā hṛdayavihārī

Toi qui as soulevé la montagne, Tu résides en permanence dans le cœur de Radha.

nirmmōhī jō tum hō giridhar
vraja kī yād na āyēgī
prāṇa nāth jō tum hō mērē
rādhā jī nahi pāyēgī

Libre comme Tu l'es de toute passion, Ô Giridhara, peut-être le souvenir de Vrindavan ne traversera-t-il pas Ton esprit. Ô Seigneur de ma vie, Radha refuse de vivre plus longtemps sans Ta présence à ses côtés.

jaba chūṭhē mērē prāṇa hē giridhar
apnī muralī bajānā rē
muralī dhun kī dhārā mē prabhu
miṭ jāyē tērī rādhā rē

Au moins quand je rendrai mon dernier souffle, Ô Giridhari, je T'en prie, viens jouer de Ta flûte. Et dans le flot divin de Ta musique, laisse Ta Radha se fondre en Toi.

ulagam oru pūntōṭṭam (Tamil)

ulagam oru pūntōṭṭam tannānē - tannānē
uyirgaḷellām pūkkūṭṭam tillālē - tillālē
vaṇṇa vaṇṇa pūkkaḷ pūkkum
vāzhkkaiyoru koṇḍāṭṭam
vāzhkkaiyoru koṇḍāṭṭam tannānē - tannānē
vāzhkkaiyoru koṇḍāṭṭam tillāle - tillāle

Le monde est un jardin dont tous les êtres vivants sont les fleurs multicolores et épanouies, et la vie est une célébration. La vie est une célébration.

āḍippāḍi sirippōmē
anaivarumē magizhvōmē
annai kāṭṭum vazhiyinilē tannānē - tannānē
ānandamāy naḍappōmē tillālē - tillālē
ānandamāy naḍappōmē tillālē - tillālē

Dansons, chantons et rions. Soyons heureux. Marchons heureux sur le chemin que nous montre Amma.

oru tāy makkaḷena
ulaga sēvai seyvōmē
ūrkkūḍi tēr izhuppōm tannānē - tannānē
onḍrāga vaḍam piḍippōm tillālē - tillālē
onḍrāga vaḍam piḍippōn tillālē - tillālē

Servons le monde, sachant que nous sommes les enfants d'une même Mère. Unissons-nous pour tirer ensemble le char du Seigneur.

sevaiyadaṉ magimaimikka
nōkkamadai maravādē
mānilamum mēnmai perum tannānē – tannānē
manadinilē tūymai varum tillālē – tillālē
manadinilē tūymai varum tillālē – tillālē

Souvenons-nous du noble but qui consiste à servir les autres, le monde deviendra ainsi meilleur et notre esprit en sera purifié.

āḍiḍuvōm āḍiḍuvōm ānandamāy āḍiḍuvōm
pāḍīḍuvōm pāḍīḍuvōm paravasamāy pāḍīḍuvōm

Nous danserons dans la joie. Nous chanterons dans la béatitude.

ulakattin ādhāra (version Tamoule)

ulagattin ādhāra poruḷ nīyammā
guṇam niraindu‌ḷḷa vizhigaḷ tan oḷi nīyammā
taḷargiṉṭra idayattin abhayam ammā – ellā
arivirkkum ūṭrākum arivum ammā

aruḷvāyē adarkkāga anaittum nīyē
anaivarkkum abhayam un padamtān ammā
kanivirkkum kanivāna karuṇai nīyē
aruḷ mazhai koñcam pozhivāy nī aruḷāzhiyē

vāgiś nāgēś (Hindi)

vāgiś nāgēś dēvēś jinkē
pairōṅ paḍē prāpt hōtē kṛpādān

śailēndr-sā bhīm ākār vālā
tū hī mahādanti dēnā kṛpādān

Seigneur Ganesha, Tu répands Ta grâce sur ceux qui prennent refuge en Toi. Tu as la taille d'une montagne. Tes défenses symbolisent la sagesse et la compassion. Nous T'en prions, accorde-nous la bénédiction de Ta grâce.

mahākāy hō gaṇādhīś tū kṛpāvāri rāśē
gaṇēśāya namaḥ gaṇēśāya namaḥ gaṇēśāya namaḥ ōm

Ô Seigneur miséricordieux des ganas (tous les êtres de la création) nous nous prosternons devant Toi, Ô Ganesha.

himācal mē jab tū karē bālalīlā
ṣaḍānan hamēśā tumhēṅ sāth dētā
hamāri taraph tū kabhī ḍāl dṛṣṭi
hamē śakti vidyā susampatti dījē

Lorsque Tu joues avec espièglerie dans les Himalayas, Ton frère Kartikeya partage Tes jeux avec bonheur. Nous T'en prions, regarde dans notre direction, et accorde-nous la force, la connaissance et la prospérité.

prabhō vighnarāyā sabhī ēk tum hō
nijānand mēṅ tum sadā rājate hō
sadā duḥkha-santapt lōgōṅ pē tērī
kṛpā hō sadānand pāvē sabhī dēv

Ô Vighnaraya (Celui qui élimine les obstacles) Tu es à jamais plongé dans la béatitude. Puisse Ta grâce se répandre sur nous tous, perdus dans le monde du conflit et de la souffrance. Atteignons les sommets de la béatitude.

vānōrum (Tamil)

vānōrum vāzhttiḍum vēzha-mukhattōnē
tārāyō untāḷai maravā varam
vāzhvil kurai tīrum vēda mudalvanai
vaṇangiḍum aḍiyārai sērum nalam

Ô Toi, au visage d'éléphant, Tu es adoré par les dieux. Accorde-nous la bénédiction de nous souvenir de Tes pieds de lotus. Les Védas chantent Tes louanges et Tu élimines la maladie de l'existence. Tu accordes le bonheur à ceux qui Te vénèrent.

poruḷōḍu pukazhāram taruvāyē gaṇanāthā
aḷavillā aruḷmāri pozhivāyē gaṇanāthā
gaṇanāthā gaṇanāthā tuṇai nīyē gaṇanāthā
gaṇanāthā gaṇanāthā vinai tīrppāy aruḷāḷā

Donne-nous la guirlande de la fortune et de la gloire. Répands sur nous Ta grâce infinie, Ô Ganesha. Tu es notre unique refuge. Nous T'en prions, balaye nos ennuis et nos péchés.

manam onḍri unaipāḍa varuvāyē gaṇanāthā
mati-tannai teḷivākki maruḷ nīkkum gaṇanāthā
gaṇanāthā gaṇanāthā tuṇai nīyē gaṇanāthā
gaṇanāthā gaṇanāthā vinai tīrppāy aruḷāḷā

Ô Ganesha, viens à nous, qui chantons Tes louanges avec concentration et dévotion. Ô Ganesha, Tu accordes la clarté de l'esprit et dissipes l'obscurité qui règne en nous. Ganesha, Tu es notre unique refuge. Nous T'en prions, balaye nos ennuis et nos péchés.

vattātta snēhattin (Malayalam)

vattātta snēhattinn-urava tēṭi
ammē ī maru-bhūvil-alaññiṭavē
oru snēha-gaṅgayāy cārattu-vannu nī
hṛdayam kuḷirkke puṇarnn-ozhuki

Amma, j'ai erré dans ce désert en quête de l'éternel printemps d'amour. Comme le Gange, le fleuve sacré d'amour, Tu es entrée dans mon cœur et Tu m'as apaisé dans Ton étreinte aimante.

nin prēma-tīrattu bhaktyā-anurāgiṇiyāy
virahārdra-cittayāy nilppū ivaḷ
jīvitamām maru-bhūvil nī ennenne
ēkayākki vidūre-akannu?
ēkayākki vidūre-akannu?

Avec une intense dévotion, j'attends sur la rive de Ton amour. Mon cœur est endeuillé par cette séparation. Pourquoi m'as-Tu laissé seul dans le désert de l'existence ? Pourquoi es-Tu partie ?

annu-toṭṭ-innōḷam vyatha-pūṇḍu kēṇivaḷ
nin-mukham tēṭi alaññiṭunnu
nī ennil nirayunna ātma-svarūpam ennu
ariyuvān-ākāte andhayāy
ariyuvān-ākāte andhayāy

Depuis ce jour, j'erre à Ta recherche en criant de douleur. Je suis aveugle à cette vérité qui énonce que Tu es mon propre Soi.

niśa-tan viri-māril vīṇ-uraṅgi-ivaḷ
pāzhāyat-etrayō janmam vṛthā
poypōya janma-sukṛtamāy-ammē ñān
nin tiru sannidhi vann-aṇaññu
nin tiru sannidhi vann-aṇaññu

Pendant de nombreuses vie, j'ai dormi dans les ténèbres de l'ignorance. Pourtant, j'ai atteint Ta présence sacrée grâce à de bonnes actions accomplies dans des vies passées.

nin-kṛpā-tīrttham pakarnn-uḷḷil-ānanda
prēma-varṣam coriññīṭuk-ammē
onnāy cērnnu layicciṭaṭṭe nityam
ānanda-sāgarē muṅgiṭaṭṭē
ānanda-sāgarē muṅgiṭaṭṭē

Ô Amma, laisse la pluie de Ta grâce remplir mon cœur de joie. Puissions-nous devenir Un, à jamais immergé dans l'océan de béatitude.

vāzhkeyenum paḍaku (Tamil)

vāzhkeyenum paḍagu
ulakamenum kaḍalil
alaimōdi taḍumāri uzhandrāḍudu
vazhiyariyā vēḷayilē
disaimāra nēriḍum
kalangarai veḷiccamāgum guruvaruḷē

La barque de la vie est ballotée sur l'océan du monde. Ne sachant comment naviguer, nous avançons dans la mauvaise direction. Mais la grâce du guru brille comme un phare dans la nuit et nous montre le chemin.

uravendru palarum
sondamendru silarum
uṛavāḍi onḍrāgi payanamāgumē...
irankiḍum nērattilē
payanam seydavarē
uravendru nirkkāmal senḍriḍuvārē...

Dans le voyage de la vie, quelques parents et de nombreux amis nous accompagnent. Quand le temps sera venu de dire adieu, nos compagnons de voyage ne resteront pourtant pas avec nous. Ils iront leur chemin.

yāringu tuṇayē
evaringu kāvalē
ārudalāy illayē yārumē
karuṇai ozhugum kaṇgaḷ
anbāna-mozhikaḷ
guruvaruḷay aḍaikkalam namatākumē...

Qui peut nous soutenir ? Qui peut nous protéger ? Personne ne peut nous consoler. Le regard compatissant et les paroles aimantes du guru sont notre unique refuge.

ettanai karmavinai
palanūru janmangaḷ
attanayilum nizhalāga toḍarndiḍumē
pittamadai tirutti
manadonḍṛāy nirutti
metta mey jñānattil karaindiḍumē

Les conséquences karmiques d'innombrables vies nous suivent comme une ombre. Quand notre obsession pour les plaisirs du monde cessera et qu'enfin, notre esprit demeurera concentré, l'aube de la connaissance dissipera l'obscurité des karmas passés.

vēlmurugā vēlmurugā (Tamil)

vēlmurugā vēlmurugā vēlmurugā vā
vēṇḍukirōm kāttiḍavē mālmurugā vā
ōmkārapporuḷ tannai uraittavan nīyē
ānkāram nīkki emakkaruḷ purivāyē

Ô Seigneur Vel Muruga, nous T'en prions, viens. Nous T'en prions, viens et sauve-nous. Tu as expliqué au Seigneur Shiva la signification du Pranava mantra « Om. » Nous T'en prions, accorde-nous la bénédiction d'éliminer notre ego.

vānōrai asuraruḍan pōrkkaḷattilē
sēnādhipatiyāga kāttu ninḍṛāyē
kāmādi pagaivaruḍan pōriḍum emmai
vīzhāmal kāttaruḷvāy kanda-sāmiyē
kanda-svāmiyē enkaḷ sonda-sāmiyē
kanda-svāmiyē enkaḷ sonda-sāmiyē

Commandant en chef des devas, Tu les as protégés durant la guerre contre les démons. Nous luttons contre les démons de nos désirs. Nous T'en prions, protège-nous et empêche-nous de succomber. Ô Seigneur Kandasam, notre Dieu !

ōḍi ōḍi sērttadellām udavavillaiyē
kūḍi ingē vandavarum kūṭa illaiyē
pāḍi undan padam paṇindōm bhayamum illaiyē
tēḍi unnai śaraṇaḍaindōm kuraiyum illaiyē

kuraiyum illaiyē oru bhayamum illaiyē
kuraiyum illaiyē oru bhayamum illaiyē

Tous les biens matériels que nous avions amassés ne nous ont été d'aucune aide. Certains de ceux qui se tenaient à nos côtés sont partis. Nous avons chanté Ta gloire et nous sommes humblement prosternés à Tes pieds sacrés, si bien que nous sommes délivrés de toute peur. Totalement abandonnés à Toi, nous n'avons plus ni peur ni faiblesse.

vēl murugā vēl murugā vēl murugā vēl vēl
vēl murugā vēl murugā vēl murugā vēl vēl
vēl vēl vēl vēl vēl murugā vēl vēl

vinati hamare tune (version Odiya)

minatī mō na sunīḷu tiḷē rē kānhāyi
kī dōsa dēkhīlu mōra nakahu kipāīn

gopiṅkā ākuḷa dukha disilāni tōtē
brajaku tu kanhāyi rē pāsōrilu satē
tharē ā mō kānhā ā kāḷiyā sunā

dina nayīn āsē sañja āsayī ākāsē
kaha kāhīn galā syāma phērība kēbē sē
tharē ā mō kānhā ā kāḷiyā sunā

khyanika lāgī śrīmukha dēkhā mōtē syāma
tōha binu kēyunparī dharībī ē prāṇa
tharē ā mō kānhā ā kāḷiyā sunā

viḍarātta tāmara (version Kannada)

muduḍida tāvare moggammā nāninnu
hūvāgi araḷalu hātorevē
prabhāmayi jagadamba baḷigenna bandāga
praphullita ḷāgalu kādiruvē

ajñānāndha rāḍiyindali mūḍi
prabhegāgi anukṣaṇa tapisiruve
kambani miḍiyuta kaṭākṣapūrṇa
darśanakāgi hambalisi
ammā ammā...
darśanakāgi hambalisi

araḷade bāḍuva vidhi ennadāyite?
avanige baruvāse enagillammā
bēḍamma bēḍa marujanma enage
pādake maṇidu nā yācisuve
ammā ammā...
pādake maṇidu nā yācisuve

viṭhala viṭhala viṭhala viṭhala (Konkani)

viṭhala... viṭhala... viṭhala... viṭhala...
pāṇḍuraṅgālī kīrutī gāvūyā
sarvai gōṇḍu pōrāli mūrutī pōḷōvyā

Chantons la gloire de Vitthala et contemplons Sa forme magnifique et bien-aimée.

kāśi pītāmbara kāsuto mārṇu
toṇḍārī hāsāccē phūla phullovnu
anudina-bhajanēka kānu tō dīvnu
ānandāmṛta rasū tō pīvnu

Il porte un vêtement de soie jaune et la fleur de Son sourire est pleinement épanouie. En entendant nos bhajans, Il boit le nectar de la béatitude.

raṅgā pāṇḍuraṅga...
viṭhala... viṭhala... viṭhala... viṭhala...
viṭhala... viṭhala... viṭhala... viṭhala...

O Vitthala

niḍalārī lāylā kastūrī tīḷo
tuḷasīccē māḷā śōbhita gaḷō
aṅgāccō raṅgū āslyārī kāḷō
paḷōcaka pāvnā donnī dōḷō

Il porte sur le front une marque de santal. Paré d'une guirlande de feuilles de tulasi sacré, Sa couleur véritable est d'une teinte sombre. Sa forme sanctifie nos yeux.

ēkādaśī anī pakṣida jāgarū
hōḷtā dēvḷāntu bhakticcō sāgarū
vārakkarī bhajakālō-mēḷuhēraṅgā
daruśana-dīvnō rākha kṛpāḷu

Pendant les jours de jeûne d'Ekadashi, dans les temples illuminés, nous voyons déferler des océans de dévotion. Des milliers de dévots se rassemblent durant le festival sacré de Varakkari (festival de Konkani, au Karnataka, à la gloire du Seigneur Vitthala.) Accorde-nous la grâce de Ton darshan, Ô Être compatissant.

viṭhal hari viṭhal nām gajari (Marathi)

viṭhal hari viṭhal nām gajari
nitya nām smaraṇ hōyi śuddhi antari

Chantez sans cesse le nom de Vitthala. En vous souvenant de Son nom sacré, votre être intérieur sera purifié.

mādhav lakṣmināth bhaja śrīhari
bhakt-varada śrīraṅg muraḷi murāri
sāvḷā hā pāṇḍuraṅg vasē paṇḍari
rakhumāyi sahita viṭhal nām gajari
viṭhal hari viṭhal hari nām gajari

Chantez le nom du Seigneur enchanteur de Lakshmi, Celui qui tient la flûte et bénit Ses dévots. Chantez le nom du Seigneur Vitthala au teint sombre. Chantez Son nom ainsi que le nom de Son épouse bien-aimée, Rukmini. Chantez sans cesse Vitthal Hari Vitthal.

śrīdhara śrīrang śrīnivāsa rē
gōpihṛday nandalāl rāsvihāri
navanīt cōr harē kuñjavihāri
rakhumāyi sahita viṭhal nām gajari
viṭhal hari viṭhal nām gajari

Ô Krishna, Tu demeures dans les cœurs des gopis et Tu orchestres la Rasa leela (Danse divine de la vie.) Chantez le nom du petit Voleur de beurre, Celui qui savoure Ses leelas. Chantez sans cesse le nom Vitthal Hari, Vitthal.

sādhusaṅgē kīrttani raṅgē narahari
nirākār brahm hōyi saguṇ sākāri

amita mahimā gāvūni pāvanakari
rakhumāyi sahita viṭhal nām gajari
viṭhal hari viṭhal nām gajari

Krishna, Tu es Celui qui chante avec les sages. L'Absolu non-manifesté manifeste également des attributs. Chantez la gloire du Seigneur. Chantez Son nom purificateur ainsi que le nom de Rukmini. Chantez sans cesse le nom Vitthal Hari Vitthal.

viṭhal viṭhal pāṇḍuraṅga
jaya hari viṭhal pāṇḍuraṅga

Chantez le nom Vitthal Panduranga. Victoire au Seigneur.

vittumundā (Telugu)

vittumundā ceṭṭumundā ēdi mundaṇṭē
bhūmi navvindi vāṭṭi uniki tānē annadī
talli mundā biḍḍa mundā evaru mundaṇṭē
jagadamba navvindi tānē talli annadī

A la question : « De la graine et de l'arbre, qui est venu le premier ? » la Terre a souri et a répondu que l'arbre et la graine dépendaient tous deux de la terre pour exister. A la question : « De l'enfant et de la mère, lequel est venu le premier ? » la Mère divine a ri et a répondu qu'elle était la mère de tous les êtres.

anni ambē... antā ambē... unnadi jagadambē...

La Mère divine est en tout et partout. La Mère divine est la Conscience omniprésente. La Mère divine seule existe.

alala pōṭi alala pōru alala ghōṣa cūsi
kaṭali navvindi vāṭi āsarā tānē annadī
manasumundā sṛṣṭi mundā ēdi mundaṇṭē
ātma navvindi antā unnadi tānē annadī

En voyant la compétition entre les vagues bruyantes, et les batailles qu'elles se livraient, l'Océan a rugi et affirmé que toutes les vagues surgissaient de lui et mourraient en lui. A la question : « De l'esprit et de la création, lequel apparaît le premier ? » le Soi (conscience de l'atma) a ri doucement et répondu qu'Il (le Soi) imprégnait tout.

iccha nīvē... karttā nīvē... jñānamu nīvammā...

Tu es le désir en nous ; Tu es l'auteur de toute chose ; Tu es la connaissance personnifiée.

jaḍamu nīvē... cētana nīvē... paramu nīvammā...

Tu résides dans ce qui est inanimé comme dans ce qui est animé ; Tu es aussi la Réalité ultime.

anni ambē... antā ambē... unnadi jagadambē...

La Mère divine est en tout et partout. La Mère divine est la conscience omniprésente. La Mère divine seule existe.

yadukulam (Malayalam)

yadukulam veṭiññu nī akaleyāyī
yamunaye marannu nī pōyitennō
karimukil mānattu kaḷiyāṭum nēram
iru-mizhiyitilallō nīr coriññu

Tu as abandonné Yadukula et Tu es parti loin de nous. As-Tu même oublié la rivière Yamuna ? Lorsque les nuages de pluie se pourchassent dans le ciel, mes yeux versent des larmes.

akaleyāy sandhyakaḷ uṭayāṭa ñoriyumbōḷ
aṇiyuvān kaṇṇā nī arikilillā
kuzhalviḷi kātilāy muzhaṅgumappōḷ
hṛdi tāḷam ninpada nisvanam-āyiṭum
gōpika ramaṇa nīlalōhitā... murahari nī śaraṇam
mēghavarṇṇa jaya vāsudēva jaya pāhipāhi
śaraṇam

Le crépuscule tisse de chatoyantes étoffes mais Krishna, Tu n'es pas là pour T'en parer. La mélodie de Ta flûte résonne à mes oreilles. Le rythme de Tes pas est le tempo des battements de mon cœur. Ô Bien-aimé des gopis (vachères,) Nilalohita, qui a tué le démon Mura, Tu es mon refuge. Victoire au Seigneur dont le teint est pareil aux nuages de pluie. Victoire à Vasudeva ! Je cherche refuge en Toi.

vipināntarāḷattil vāsanta mārutan
alarkkula utirkkumbōḷ ōrttu-pōkum
vanamāla aṇiyuvān nīyillennākil
malaritin vāzhvukaḷ veruteyallē
gōpika ramaṇa nīlalōhitā... murahari nī śaraṇam
mēghavarṇṇa jaya vāsudēva jaya pāhipāhi
śaraṇam

Je me souviens de Toi quand la brise printanière parcourait la forêt et que les fleurs voletaient doucement jusqu'au sol. Si Tu ne portes pas la guirlande confectionnée de fleurs sauvages, leurs vies auront été vaines. Ô Bien-aimé des gopis, Nilalohita, qui a tué le démon Mura, Tu es mon refuge. Victoire au Seigneur dont le teint est pareil aux nuages de pluie. Victoire à Vasudeva ! Je cherche refuge en Toi.

kusṛtiyōṭarikattāy kuzhal viḷiccaṇayumbōḷ
kuṇuṅgi kuṇuṅgi nī naṭam-āṭumbōḷ
irukaram cērttu nin-kaviḷiṇa mukaruvān
arutāte hṛdayam piṭacciṭunnu
gōpika ramaṇa nīlalōhitā... murahari nī śaraṇam
mēghavarṇṇa jaya vāsudēva jaya pāhipāhi
śaraṇam

Tu viens à moi, tel un garçon espiègle jouant de Sa flûte, et Tu m'enchantes par Ta danse. Le cœur en peine, je me languis de tenir Ton visage entre mes mains et de l'embrasser tendrement. Ô Bien-aimé des gopis, Nilalohita, qui a anéanti le démon Mura, Tu es mon refuge. Victoire au Seigneur dont le teint est pareil aux nuages de pluie. Victoire à Vasudeva ! Je cherche refuge en Toi.

www.ingramcontent.com/pod-product-compliance
Lightning Source LLC
LaVergne TN
LVHW010612100826
845148LV00014B/2938

* 9 7 8 1 6 8 0 3 7 8 5 5 9 *